解讀 殺人犯

權一容 著
권일용

黃莞婷 譯

내가 살인자의 마음을 읽는 이유

首席犯罪側寫師教你識破精神操縱、
網路暴力、變態虐待等新時代犯罪

高寶書版集團

目錄
contents

目錄
contents

| 第二講 | 讀懂惡之心靈就能抑制犯罪

看破罪犯的心理，培養預防犯罪的雙眼

| 第三講 | 在現代社會展開的怪奇惡人展
今時今日更新的犯罪型態

目錄
contents

│第四講│ 大數據、AI與犯罪側寫的未來
混亂的時代，犯罪應對之策也需要改變

序言

　　如果最近看電視的話，會發現每一台都有犯罪相關節目，犯罪為何會引起大眾的密切關注？我認為犯罪相關節目爆紅的原因，不僅僅是因為犯罪的故事很有趣，或大眾好奇犯罪者的心理，而是因為恐懼。原本認為與我無關的「犯罪」，正悄無聲息地潛入我的生活中。

　　虐待兒童、殺童案、性犯罪等案件仍頻繁發生，搶劫、盜竊等案件也屢見不鮮，需要仔細觀察的一點是「連環殺人犯」，就是向不特定多數人任意表露自己的憤怒或不明情緒的人，隨著姜浩順[1]落網後便消聲匿跡。連環殺人犯都去了哪裡呢？

　　我是一名退休的犯罪側寫師。我分析犯罪時，時常會遇到某名落網罪犯本因一件案子被捕，但之後卻能找出一連串的連續犯罪的線索，在過去，他們早已成了連續犯罪的罪

1　韓國連環強姦犯、連環殺人犯，殺害妻子在內的十名婦女而被判處死刑。

犯。不過，隨著韓國社會逐漸建立起各式各樣的治安制度與公民意識的提高，讓他們在犯下連續罪案之前就被逮捕，這似乎也是連續犯罪減少的原因之一。因此，我認為韓國的犯罪量刑準則宜適時改變。不過，我同時抱持另一種憂慮，那就是「有犯罪意圖的人真的會害怕被逮捕而控制自己、停止犯罪嗎？」

　　二○二二年，我們所生活的現代社會犯罪呈現何種面貌呢？過去犯罪份子經常隨機攻擊深夜下班歸家的女性，或是侵入多代同堂的家庭，犯下殘忍的兇殺案或縱火案，如今他們已經轉移到網路上，且犯下了殘忍程度不亞於實體犯罪的罪案。在無從得知犯罪者真實身分的情況下，諸如電信詐騙、煤氣燈操縱 PUA、性誘騙、網路賭博、分享虐待動物影片等犯罪，嚴重傷害了許多人。

　　在本書中，我試圖以心理學與社會學諸多研究與理論為

基礎，竭力解讀犯罪心理，盡可能了解此類犯罪的真相。本書共四章，是我整理、修改與補充過往演講內容而成，因此在結構、形式或文筆可能會有不夠細緻或不流暢之處。我刻意不使用文謅謅的學術書籍寫作方式，希望讀者能輕鬆地閱讀完沈重的犯罪故事與犯罪心理。希望本書提出的主題能得到更廣泛的研究，並引發大眾對預防社會犯罪的討論。

　　犯罪正在走近我們的生活，倘若我們不攜手應對，那麼每個人都會成為受害者，而我們大多是善良之人，我深信我們必然能戰勝「惡」。

二〇二二年六月

權一容

犯罪，當別人的事變成我的事

在現今時代必須要知道的犯罪心理知識

現代社會的犯罪已經過巧妙的進化，

貌似風平浪靜，

實則已深入我們的生活。

這意味著我們的社會與日常，

都顯現出極端危險狀態的信號。

日常怎麼會變成案發現場？

和黑社會的戰爭，以及犯罪側寫師的登場

　　回顧慘絕人寰的案件非常困難，心情也會很沈重，但為了解讀犯罪心理，必然要逐一審視每一起罪案，而必須有人擔起這個責任，倘若透過這個過程，能稍微減少韓國社會發生的犯罪行為，那就是有價值的。犯罪側寫師的作用與本質正也在此。

　　如今，我們透過媒體聽聞的各種犯罪，不再是別人家的事、事不關己，犯罪已經離我們的生活很近。無論你願不願意，置身於犯罪環境中的恐懼，已使許多人的想法和行動變得退縮。正因如此，我想和各位分享我在犯罪最前線的經

歷。因為如果能理解犯罪情況與犯罪心理，能讓各位更貼近現實地思考，如何預防與應對那些造成日常生活範圍受限的可怕犯罪。

犯罪側寫師 profiler 在韓國警界的正式名稱是「犯罪行動分析官」，我們負責分析嫌犯的犯罪行為，查明其犯罪動機與目的，縮減嫌犯範圍，選定調查對象。此外，在逮捕嫌疑人後，我們也能進行戰略性審問 interrogation，提供心理分析支援。犯罪側寫師一般會被分配到證據不足，僅憑普通調查手法無法解決的特定罪案中，如連環命案等等。

不知從何時開始，犯罪側寫師在韓國社會擔任了要角，在一個社會中，犯罪側寫師之所以高頻率出現，意味著該社會已經變得極度黑暗。這也是為何這種現象從來不令人樂見。

直到一九八〇年代的李春在[2] 案發生為止，韓國社會大多數犯罪都有明確動機，就像韓國人氣電視劇《搜查班長》（수사반장）中一樣，調查組一出動就能立刻逮捕犯人，順

---

2 韓國華城連環殺人案罪犯。

利破案。照這樣來看，過去的犯罪動機簡單明了，並不像現在這麼複雜。

　　任何犯罪無庸置疑地都不能被正當化，但當時的犯罪動機大多是為求生存的盜竊行為，例如偷米、偷炭火，又或是加害者與受害者之間有利害關係，具有明顯犯罪動機，像是情殺或有私仇。當年的犯罪特點是：少見動機不明的命案或殘忍犯罪。

　　然而至一九九○年代後，韓國社會出現了有組織性與有預謀的犯罪，如至尊派、莫加派、溫保鉉[3]等等。這種現象對於時代的犯罪走向與變化具有重大意義。因為，若說過去的韓國社會犯罪皆出於某種明確的目的，那麼現在的韓國犯罪動機則轉變為朝不特定多數人表露自身憤怒或其他情緒。在當時，韓國經歷了亞洲金融風暴[IMF]，處於經濟動盪的狀況，經濟的混亂與困難增加了人們的攻擊性與犯罪率。在後面我會詳細地說明箇中諸多因素，總而言之，先了解時代背景對了解犯罪心理會有很大的幫助。

3　韓國連環強姦殺人犯，利用偷來的計程車犯罪。

隨著犯罪類型的急遽變化，被稱為「犯罪現場調查」（Crime Scene Investigation，簡稱 CSI）的科學調查隊走向專業化。過去犯人好抓，在起訴的過程中，有犯人的自白、確鑿的證據，不需要也沒必要用到科學調查。此外，也因為犯人好抓，非得分析被逮捕的罪犯心態，提前制定偵查方向的案件不多。透過分析已經被捕的犯罪者來獲取口供或調查有沒有其他罪行的必要性不大。到頭來，這種韓國社會狀況與調查環境，滋養了韓國警方的不合理調查，甚至發生了暴力拷問的冤獄。這些事使人們認知到科學調查是查明真相的必要方法，也是犯罪調查之基礎。

然而，我們需要強而有力的方式，才能因應起了變化的犯罪類型，因此 CSI 與犯罪側寫師走向專業化，擺脫現有調查方式，並透過科學線索提升調查效率。

CSI 的主要職責是取得證據、核對犯人的身分，以便逮捕犯人與起訴。而分析犯罪動機與目的、掌握罪犯類型與特性、縮小嫌犯範圍、制定偵查策略都屬於犯罪側寫師的工作範圍。大眾所熟知的與罪犯面談，是所有案件即將結案時會進行的最後工作，面談蒐集而來的資料則會用於分析未來的

類似案件。犯罪側寫師會與 CSI 一同前往案發現場,透過解讀案發現場所有證據與重建現場,進行犯罪側寫。

　　二○○○年二月九日,韓國警界成立了史上第一個犯罪側寫組。當時我是一名 CSI 要員,負責案發現場的相關工作。由於我的現場經驗豐富,非常熟悉如何重建現場深入罪犯內心,因此,我被調入犯罪側寫組。韓國犯罪側寫師歷史就這樣開始了。

　　犯罪側寫師的出現意味著原本社會的單純犯罪不再,犯罪類型增加,因此,並不能說是令人樂見的變化。大眾的注意力被分散到犯罪側寫師身上,也更關切犯罪側寫調查方式與側寫內容,在某些方面來說是不幸的。但從另一個方面看,也有值得慶幸之處,那就是能一定程度地阻止與現有犯罪類型完全不同的新式犯罪大規模擴散。

　　我相信有些人親眼見過或透過媒體看見魷魚的捕撈過程,縱使不知箇中細節,但絕對能想起好幾艘船燈火通明,聚在一起進行捕撈的畫面。可是,捕撈魷魚之所以要好幾艘漁船聚在一起亮燈,並不是因為牠們有趨光性。

　　朝鮮時代文臣丁若銓《茲山魚譜》描述過,如果海中燈

火通明，蝦米與浮游生物就會聚集在一起，魷魚會聚集起來捕食牠們，然後漁夫會把聚集的魷魚撈起來，坐享漁翁之利。犯罪側寫就是分析嫌犯具有的特性與類型以制定調查策略，不過，這裡的調查策略是透過收集與累積下來的科學數據制定而成，並非單純欺瞞嫌犯的計謀。利用蒐集與累積的科學數據制定調查策略是犯罪側寫的重要因素之一。

實際上，犯罪側寫師的主要工作，是掌握嫌犯心理、是什麼類型的嫌犯，並制定相應的策略性調查方式，提供幫助警方逮捕嫌犯的資訊，並不像大眾媒體所描述的，側重於與被捕的犯人面談，側寫其心理。嫌犯被逮捕後，犯罪側寫師會透過基本面談，了解嫌犯心理，替調查組提供審訊建議。儘管在這時候，有時也會取得嫌犯的口供，但取得口供屬於搜查官的職責。犯罪側寫師與犯罪者的深度面談是在其被捕、所有犯罪真相水落石出時才會進行的。

連環殺人，衝擊與驚悚的精神變態者

　　進入二〇〇〇年代，韓國社會出現了和一九九〇年代截然不同的新型犯罪，也就是精神變態者的連環殺人案。柳永哲、鄭南奎、姜浩順等連環命案帶來了韓國社會的衝擊，民眾的恐慌長達十多年。無數受害者經受難以言喻的痛苦，目睹這些受害者的民眾也深陷恐懼與不安中。

　　連環殺人犯柳永哲在住商混合大樓內部裡面犯下了攻擊多名受傷者並毀損屍體的殘忍罪行。

　　鄭南奎[4]是與柳永哲同時期出現的連環殺人犯。在我搜查鄭南奎家裡時，發現了一本刊登了我的採訪的書，我意識到犯罪者正在蒐集並研究追蹤自己的搜查官，也追蹤著媒體對自己的犯罪行為的報導。簡言之，他們也在進化。

　　下一個出現的連環殺人犯是姜浩順。我之所以循序漸進地介紹連環命案，是因為我想強調犯罪類型正隨著時代背景

4　殺害十三人的韓國連環殺手，犯罪期間為二〇〇四年至二〇〇六年，被捕後於獄中自殺。

迅速變化。一九九〇年代，韓國社會犯罪以黑社會幫派的集體犯罪型態為主，如至尊派、莫加派，其犯罪目的為洩憤；二〇〇〇年代的犯罪類型則明顯轉變成精神變態者之犯罪。

如仔細觀察柳永哲與鄭南奎的犯罪行為，會發現幾個重要的共同點：他們會提前準備犯案工具、親自尋找作案對象、不惜闖入民宅，以及手法凶殘。

但是，在二〇〇九年被捕的姜浩順的犯罪手法和他們有著不同類型的犯罪特徵。根據姜浩順的罪行，我們能看出在短短幾年的時間裡，犯罪者的手法進化成巧妙地欺騙受害者，徹底主導情勢的犯罪模式。儘管「進化」一詞拿來形容犯罪並不適當，但姜浩順引誘受害者的智慧型犯罪手法逐漸進化的事實也無可否認。

柳永哲與鄭南奎四處物色作案對象，闖入民宅，卑鄙地將手無縛雞之力的婦幼作為目標；姜浩順則不同，他巧妙地利用特定情境，主導了整個犯罪過程。這可以說是韓國現代社會正在發生的如煤氣燈操縱、性誘騙等情境式犯罪的序幕。

自從姜浩順於二〇〇九年被捕後，韓國再也沒出現過連

環殺人犯，但並不能就此斷言連環殺人犯已於韓國消聲滅跡，更準確地說，連環殺人犯並沒有消失，只是在各種原因之下，導致犯罪者在犯下一連串駭人聽聞的連環命案之前就先被捕了，其中一個原因就是國民對犯罪的意識提高了。

在過去，人們見到他人受害會極度恐懼，很多時候睜隻眼閉隻眼，或是延誤了報警的時間點。還有，很多時候人們即使目擊了可疑的場面，但不確定是否構成犯罪，猶豫要不要報警，導致報案率並不高。

自從每個人都有手機可以拍照或錄影後，隨時都能報案，民眾報案率直線攀升。這個變化讓人們報案的態度積極化，報案率也急升，意味著社會成員之間互相守護。

大眾除了透過社群網路積極取證之外，社會各處設置了無數的監視器也替代了我們的眼睛，監視各個角落的犯罪，再加上每輛車都裝有行車記錄器隨時能留下犯罪證據，進一步也能預防犯罪，這些都保障了社會安全。

即時性攻擊，隨機犯罪的出現

犯罪率會不會因為民眾的積極報案、政府構建的多樣化犯罪預防系統、警方偵查能力提高而大幅降低呢？現代社會犯罪類型日新月異，越來越多樣化，當今社會的主要犯罪類型已經轉變為衝動型的即時性攻擊犯罪，所謂的「隨機」犯罪、衝動型憤怒犯罪等就是很好的例子。典型案例是安仁得^{音譯}案。安仁得只因為了發洩情緒而縱火，並殘忍殺害從火災現場逃生的民眾。很多家庭暴力型犯罪也屬於即時性攻擊犯罪，如虐童、暴力致死等等。這些犯罪大多與迄今為止發生過的有系統性的連環命案不同，屬於另一種犯罪型態。

那麼，這些沒有明確動機的犯罪是什麼樣的心理機制呢？隨機殺人犯罪屬於立即表達自身情緒的類型，隨機殺人大多因嫉妒而誘發作案情緒。因此，如仔細觀察隨機犯罪，會發現其背後隱藏著各式各樣的社會現象。他們會因情緒攻擊任何擁有自己無法擁有的東西的人，如家人的愛、幸福、友誼等非物質事物。即使是小小的刺激也能引爆他們的情

緒，發起隨機攻擊。

　　隨機犯罪背後顯示的社會現象，是人們無止盡地競爭與追求高效，以及快速的社會變化。許多學者主張，新自由主義的弊端與資本主義的陰影是構成隨機犯罪的原因。從根本來說，社會隱約形成了輕視後物質主義價值的風氣。二〇〇〇年代初期，整體社會風氣轉變，比起人權、愛情、社會紐帶、社會共同體意識、關懷、自由等，人們更重視學習要名列前茅，要比別人賺更多的錢，要比別人更成功。

　　因為，無法實現這些目標就意味著失敗，人們會把失敗的原因歸咎於環境，於是憤怒被加倍擴大。這種現象被解釋為至尊派、莫加派等韓國黑社會組織犯罪背景的形成因素之一。這些犯罪者會強取豪奪「有錢人」的錢，並殘忍殺害受害者來表達憤怒，認為擺脫貧困的唯一途徑是搶奪他人努力的成果，而非靠自己努力，而且對殺人毫不愧疚。

　　同樣地，柳永哲、鄭南奎等精神變態者也藉由提出荒謬主張——「有錢人都該死，女人必須覺醒」，合理化自己犯下的可怕罪行。

　　在我實際與犯罪者面談後整理的側寫中，首要的犯罪心

理是相對剝奪感引發的社會排斥感。人若是總是和他人比較，影響了自身的滿足度，就會形成相對剝奪感，當這種情緒扎根時就會產生扭曲心理，譴責其他人透過正當努力獲得的地位與財富。

其實，每個人都想盡量迴避負面情緒，因此，如果在某些方面感受不到相對剝奪感，反而有可能成為更大的問題。某人感覺不到任何剝奪感、憂鬱、或是處於不好的環境下卻不覺憤怒，那個人的心理健康可能更加危險。因為人類是情緒化的動物，根據情況會形成某種情緒是很正常的。真正問題在於，剝奪感所帶來的社會排斥感具有高度危險性。

社會排斥感意味著，當事者身為社會一份子卻被剝奪了參與社會事務的機會。簡言之，我作為社會成員之一，卻被剝奪了應享有的權利與機會。當事者覺得我享受不到大家都能享受的；我實現不了大家都能實現的。無論我多努力，機會都不會來敲我的門，從而形成一事無成的無力感與社會障礙，不斷地累積的「這個世界對我不公」的意識，最終形成嫉妒情緒。社會排斥感最終成為他們與社會斷絕共同體關係的主因，然後逐漸被孤立。

　　沒有犯罪動機的罪犯口中的故事有著共同情節。他們都告訴我，自己身為社會的一份子，卻沒有被賦予機會去實現某事，他們認為不管自己多努力，終究是一場空，所以經常對周遭發生的事情感到生氣，最終抑制不了怒氣，犯下了殺害無辜之人的惡行。然而，這些人沒有任何罪惡感，反而扭曲地覺得「我為什麼要道歉？」這充分體現了他們對社會關係的斷絕與孤立有多麼憤怒。

　　也許有人在這裡會產生疑問：我們和他們生活在相同年代，一樣經歷了一九九〇年代、二〇〇〇年代，現在活在了二〇二二年。我們都活在相同時代與背景，但為什麼大多數的人不犯罪？為什麼只有特定幾個人持荒唐的自我合理化論調，不惜犯下滔天惡行呢？

　　原因就是上面我提到的孤立感。嫉妒情緒、自覺被共同體排斥的社會排斥感，以及認為只有自己被孤立，會帶來無力感。最終，這份無力感被憤怒所取代。普通人都會與他人交流，像是與他人對話、喝茶吃飯等，分享自己的辛苦或難受情緒，而這類罪犯的代表性特徵則是，被排除在那些「社會關係」之外。

他們的心理孤立感比起獨自一人的物理孤立感更嚴重。普通人感到憂鬱時，會約朋友見面聊天，或向同事家人訴苦，從他人傾聽我的話的模樣獲得來自家人、朋友或同事的歸屬感，以此慰藉心靈。

像這樣，在關係之中相互依賴，守護彼此是社會成員的普遍面貌。但這類罪犯被孤立於這種關係之外，經歷了異常的孤立感，形成了異常的憂鬱情緒。

是誰支配著惡？

如何定義攻擊性：蓄意傷害他人的行為

　　無動機的隨機犯罪於二〇一〇年左右急遽增加，現已擴大成多種類型。今日之惡會用什麼型態接近我們？接下來我會以幾種社會心理學理論來解讀。

　　首先先來看攻擊性。攻擊性是人類存在與維持生活不可或缺的天性，不過羅伯特・席爾迪尼 Robert B. Cialdini 在《社會心理學》（《*Social Psychology*》，暫譯）一書中指出，社會心理學明確定義了於犯罪情境中出現的攻擊性，是指傷害他人的行為，與憤怒不同。

　　人生中，每個人都出於各種原因而憤怒，但不是每次都

會採取攻擊性行為，不過，在某些情況下，即使不生氣也有可能採取攻擊性行動。通常普通人很討厭某個人，會在腦海中想像傷害對方，但大多數人僅止於想像，並不會付諸行動。由此可知，憤怒與憤怒的本身並不等於攻擊性，再者，錯手傷人或殺人很難僅被視為攻擊行為。

在社會上或職場生活中，我們偶爾會使用這種形容：「攻擊性地表達自我意見」或「展開具攻擊性的行銷方式」。這裡的攻擊性意味著強烈表示明確的主見 assertiveness。這種強烈主張是為了表達本人具有支配權，或對自己的意見深具信心的刻意行為。每個人都有一定的攻擊性，因此有學者認為人類存在的原因之一就是因為攻擊性。舉例來說，無論人或動物，人類遇見任何威脅到自己的對象時，如不表現出自我防禦型的攻擊性，說不定早就滅亡了。

攻擊性大致可以分為兩大類，從各自的關聯性理解，會更容易分清攻擊性行為類型。第一類是間接攻擊與直接攻擊，第二類則是情緒性攻擊與工具性攻擊。

顧名思義，間接攻擊 indirect aggression 就是非面對面的攻擊，諸如散布惡意假新聞或不實傳聞、惡意留言、散播中傷

當事人的話，傷害對方等。另外，利用聊天軟體，開設群組聊天室，集體折磨某人也屬於間接攻擊行為。受害者可能會因此做出極端選擇，間接攻擊正進化成會導致一條生命逝去的行為。

直接攻擊 direct aggression 指物理性的暴力或威脅，例如：對方按喇叭，於是攔下對方的車，把它砸得稀巴爛，或是毆打駕駛等。

情緒性攻擊 emotional aggression 指某人出自憤怒的攻擊行為，像是因為因某輛慣性違法停放的車輛而憤怒，毀損那輛車或讓它爆胎等。

工具性攻擊 instrumental aggression 意指為了達到其他目的而採取攻擊性行為，像是運動選手的激烈肉搏戰或犯規等。可是，這時候的攻擊性行為只是為了贏得比賽，並不涉及任何感情，也無意傷害對方。儘管肉搏戰會激化情緒，但觸發原因並非源自對某人的情緒。

我們以這些攻擊性概念為基礎，能分析某些攻擊行為。舉例來說，有司機被其他車輛插隊，生氣地破壞那輛車，並毆打對方司機，屬於直接的情緒性攻擊；有人平常和我不

和，我向他人散布關於對方的惡意謠言，造成對方日常生活的痛苦，屬於間接的情緒性攻擊。像這樣把攻擊性的概念與類型進行分類後，我們能更輕易地解讀某人的攻擊性行為。

我們何時，又是為何會產生攻擊性？

所謂與犯罪相關的攻擊性，意指具有明顯傷害他人意圖（針對性）的行為，我們還有另一個需要了解的犯罪心理，就是人們何時會出現攻擊性行為。大家都能透過反思自己的行動思考此一問題。我什麼時候出現過攻擊性行為？希望各位讀者都能想一想。

羅伯特·席爾迪尼在《社會心理學》中解釋，人們在生活中有時會採取攻擊性行為來影響他人，或確保自身權力與支配地位，有時也會為讓人留下深刻的印象，或獲得社會認可而做出攻擊性行為。

另外，人們在負面情緒爆發時也會出現攻擊性行為。負

面情緒包含個人與個人之間發生的情緒，或認為自己的不幸源自於社會矛盾或不合理的原因。為了了解社會中發生的犯罪與其犯罪動機，我們必須綜合分析多種因素。

但是，當某人為了發洩負面情緒做出了攻擊性行為的同時，也必須承擔自己有可能受傷、死亡或受到懲罰的風險，因此，人們只有在用其他方式也無法消除負面情緒時才會採取攻擊性行為。換言之，羅伯特・席爾迪尼的理論核心概念為：當人們認為只有採取攻擊性行為才能達到自己的目的時，才會表現出攻擊性。

倘若真是如此，上述提及的至尊派、莫加派等黑社會幫派結黨聚夥，攻擊不特定多數人的負面情緒是如何形成的呢？

至尊派一員金賢^{音譯}在接受某家媒體採訪時，自豪地表示，自己會走上這條路全拜小學和國中老師所賜。他上學的時候沒辦法準備美術課用具和讀書用的文具，每次都被老師狠狠地教訓，自尊嚴重受創。他討厭那種情況，於是偷了其他班學生的東西去上課，沒想到卻逃過了老師的責罵。從那之後，他認定即使要偷別人的東西才能實現自己的目的也在

所不惜，不明白為何要因此而內疚。

這是一種反社會傾向。無視自己的行為會造成他人的不便與痛苦，是極度自我中心、缺乏利他心的自我合理化扭曲心理，最終這些負面情緒被表現於外，變成了搶劫他人東西、破壞他人生活的攻擊性行為，即對社會或對不特定多數人犯下的直接、情緒性攻擊。以「隨機」形式出現的犯罪者大多數具有這一類直接、情緒性攻擊

理解攻擊性：日常中，那些挫折轉化成攻擊的時刻

在生活中，哪些主觀和負面情緒會呈現出攻擊性呢？在回答這個問題之前，先來想想「攻擊性在人類生活中能發揮什麼功能」，會更容易分析攻擊性行為會產生的原因。攻擊性的功能大致分成四項：

第一是能應對不愉快的感覺。當人們感到不愉快時，會試圖透過合理的努力擺脫不愉快，但當努力持續失敗，人們

就會試圖迴避不愉快，最終嘗試透過攻擊性行為消除不愉快。

第二，能獲得物質與社會補償。根據心理學家亞伯特·班度拉 Albert Bandura 提出的社會學習論 Social learning theory，攻擊性行為源自攻擊性產生的獎勵，例如黑社會幫派藉由賭博或性剝削等暴力手段獲取金錢的行為。

第三，可以獲得與維持社會地位。某人希望透過物質與社會補償獲得社會地位與權勢，就屬於此類。

第四，保護自己或所屬團體之成員，包括為了保障自己或自己部門在與其他部門的競爭中佔有優勢。這裡我們需要關注的是，這些都是應對不愉快情況的功能，能用攻擊性理論來解釋。

說明人們表現攻擊性的代表性理論之一就是挫折攻擊理論 Frustration-aggression hypothesis，主張當個體心理需求受挫，就會引發攻擊性。當某人設定好目標後，時時刻刻採取目標導向之行動，但實現目標的努力，即目標導向行動受阻時，他就會自動出現攻擊性反應。舉例而言，我想喝咖啡，所以投了硬幣到投幣式咖啡機，有時候只掉出一個空紙杯卻沒有咖

啡，或咖啡滴落下來卻沒杯子，甚至有時候機器直接吃了錢，什麼都沒有。這時候大家會怎麼做呢？

大多數的人會暴怒，用拳頭打販售機，也有人會破口大罵，更有人憤怒地腳踹機器。一杯咖啡就能輕易看出人類的攻擊性。當目標導向行動受阻就會產生挫敗感。此處的挫折感不僅是對實現巨大目標的挫敗感，還包括了所有的日常瑣事。

舉個例子，試想早上起床要上班卻睡過頭，匆匆忙忙趕去停車場，卻發現車子前面停了一輛車擋住去路，看了一下那輛車，想聯絡車主卻找不到聯絡方式，於是通知警衛室來處理。車主過了很久後才出現把車開走，終於能出發去公司，然而，路上不知道哪裡發生車禍，塞車塞得很嚴重，而禍不單行，車子方向盤突然傾向某一側，下車檢查，發現某一邊輪胎沒氣了。光聽到這裡，大家應該就會覺得很厭世。

就算沒有衰到這種程度，每個人生活中都曾遇到類似情況，總之，日常就是無止盡地一連串的大大小小挫折。要是在經歷一番周折，好不容易抵達辦公室，身旁的同事卻開始冷嘲熱諷，很多人會在這一刻爆發，同事的一句話點燃了一

早上累積的怒氣，最終爆發攻擊性。採取攻擊性行動的人往往先經歷了挫折，在某些事上受挫的人可能會採取連續的攻擊性行動。值得注意的是，並不是所有人遇到這種情況都會表現出憤怒，因此，挫折攻擊理論被修正了。

修正後的挫折攻擊性理論主張，並不是每個經歷挫折的人都會表現出攻擊性行為，只有在挫折引起負面情緒時才會導致攻擊性。比方說，當對方不遵守約定時，如果對方有充分的理由，就不會出現攻擊性的表現或行為，但如果我覺得對方是故意的，產生了負面情緒，那麼我就會表現出攻擊性。也就是說，即使事件情況相同，只有在該情況誘發負面情緒時才會引發攻擊性，不是每個人都會表現出攻擊性。

有其他研究也得出相似的論點——即每個人對攻擊性的意圖會給出不同反應。克里斯多夫・巴特萊特 Christopher P. Barlett 與克雷格・安德森 Craig A. Anderson 教授二〇〇一年的研究結果表明，人們受傷時做出何種反應取決於自己認為對方是有意或無意。刑法上對犯罪情節是否為過失，會給予另外的判刑標準，這也能成為攻擊性的定義標準。

在新冠疫情初期，許多人迫不得已取消原訂旅遊計畫，

旅行社也面臨龐大虧損，不僅僅是旅行社，各行各業都經歷了巨大的挫折與痛苦，即使如此，並不是每個人都會因此展現出攻擊性。這是因為人類能作出合理判斷，能了解狀況，又能分擔他人的痛苦。但被排除在這種情感交流之外的人，層層積累的挫折被無力感與憤怒所取代，就算是一個小小的刺激也能使之爆發，導致隨機犯罪，他們對和自己毫無關係的陌生人表現出負面情緒，完全不會產生罪惡感。

韓國社會的煤氣燈 gaslighting、性誘騙 grooming 與跟蹤 stalking 類型犯罪日益增長，這些犯罪者的犯罪動機是為了消除情緒焦慮與恢復自尊。過往犯罪者會直接採取物理攻擊手段來發洩自己暴力、憤怒、扭曲的性方面情緒，今日的犯罪者則轉變為巧妙利用受害者心理來犯下罪行，犯罪模式正在轉變為間接與情緒性的攻擊。

新冠疫情讓青少年上網時間大幅增加，接觸到網路危險的時間也增加了。一九九〇年代與二〇〇〇年代的社會環境變化影響了犯罪者的犯罪動機，而現在發生的犯罪變得更加巧妙，不著痕跡地滲透我們的生活，像是趙主彬^{音譯}主導的

性剝削犯罪「N號房事件」[5]，就是利用個資，接近並威脅受害者所犯下的案件。

　　一九九〇年代至尊派、莫加派等，犯罪對象是不特定多數人，當時沒人想到那是可怕的連環命案信號，政府將該類犯罪視為個別犯罪份子的問題，並沒有深入的研究，因此吞下了無法應對二〇〇〇年代的連環命案的苦果。如今，我們必須意識到這種扭曲的攻擊性正隱密地滲透到網路世界，必須要積極尋求對策，否則會吞下另一苦果，無法應對如N號房事件這樣的可怕性剝削犯罪。

　　首先我們必須重新整頓個資保護等基本卻必須嚴格遵守的法律，嚴刑懲處不守法之人。韓國出現過公務員買賣個資，導致命案發生的事件。二〇二一年十二月十七日，犯罪者李錫俊[音譯]向徵信社購買了某女性的個資，當時該女性正受人身安全保護令的保護，李錫俊殺害其母，其胞弟也重傷入院。後來揭露是一名公務員將該女性的個資廉價出售給徵信社。

5　發生於二〇一八年至二〇二〇年的網路聊天室犯罪案件。主犯趙主彬將威脅女性所得的性方面照片與影片散播在聊天室中。

我們周遭常有能誘發攻擊的因素，所有會引發不愉快的事件，如：身體持續的疼痛、酷暑、對特定對象感到不舒服的情緒等，都會增加具有攻擊性的行為。某項實驗明確指出不愉快的情況會提高人們的攻擊性。

社會心理學家倫納德‧伯科維茨 Leonard Berkowitz 讓一名學生擔任管理者，擁有處罰或獎賞其他學生的權力，但他要求那名學生把一隻手長時間浸入冰冷的水裡，隨著時間過去，該學生對其他學生給的獎賞少於處罰，展現出攻擊性行為。此項研究結果表明，痛苦的環境會影響到人類扭曲事件與對事件的接納度。

特別是憤怒的情緒會喚醒自律神經系統，就算不處於憤怒狀態，但近似憤怒的情緒使自律神經覺醒時，我們的大腦也會把該狀況誤解成憤怒，並表現出攻擊性。典型例子是，人們欣賞一部有殘暴罪犯的電影，看完電影後會不知不覺中處於莫名的興奮狀態。小時候我看到香港演員周潤發的電影，他在電影中大發神威，懲戒罪犯，當我走出電影院時，我覺得如果當下有人找我麻煩，我也能用武力懲戒對方。我透過電影體驗了與某人打架時所感受到的身體變化（自律神

經系統的變化、情緒變化）。由此看來，人們持續（好幾年或長時間）接觸暴力血腥的遊戲或媒體，會使大腦產生變化，當他與現實世界的某事件互動時就可能會產生攻擊性行為。

此外，長時間的經濟困境等因素會造成當事者的相對剝奪感，時常感到自己不如人，認為自己一事無成，喪失自我效能感，還有正面的期待受挫，就很有可能引發攻擊性。美國在二○○七年發生嚴重的經濟危機，全國經濟衰退，當時一項以八百一十五名失業者及其配偶為對象進行了三年的研究表明，研究對象的憂鬱、憤怒、互相指責與侮辱言行為遽增。除此之外，青少年日常出現的小小脫序行為，會導致他們很多機會都被剝奪，最終會招來他們更嚴重的攻擊性脫序行徑，形成惡性循環。

人與情境之間互相影響的方式

人與情境相互作用之下的攻擊性

　　犯罪動機越複雜，且發生在隱密性高的網路上，就越難破案嗎？未必如此。因為科學調查也是日新月異，因此沒必要過於懼怕未來的犯罪，茫然的焦慮會讓我們更退縮，更難積極應對犯罪。預防犯罪是重中之重，但由於犯罪類型多元，沒有一種預防方式能適用於所有的犯罪，儘管韓國根據各類犯罪加強法律力道、立定新法以及重修舊法，但法律仍有其限制，那就是它只能依據犯罪的狀態調整。這是因為很難用法律預防未發生的事，因此在這本書中我首要強調與解釋的是犯罪者所處的環境。

　　我們是否應將犯罪全然視為個人問題？犯罪是否與社會現象、政治、經濟、文化的變動全然無關？這一點難以斷言。儘管我與數千名罪犯面對面談過，並進行了心理側寫，我仍無法妄斷犯罪是先天遺傳還是後天環境造就。在某些情況下，我會覺得「啊，這個人生性邪惡！」而在某些情況下，我也曾惋惜「如果這個人生活在不同的環境，是不是就能防止這種事發生呢？」

　　所以說，犯罪究竟是個人問題或社會問題呢？歸根究柢，問題的本質是：為何在相同的情境下，有些人會選擇犯罪，有些人卻不會犯罪？在此有必要釐清一件事，即人與情境不能劃分，我們應站在兩者相互作用的角度理解罪案發生的整體背景。

　　當然，我認為個人的因素對犯罪的責任來說占比較大，因為即使活在同一時代，經歷了相同痛苦與困境的人，也不是每個人都會犯罪，最終選擇權還是在自己。因此我認為犯罪更接近個人問題。不過在此重要的是，我們就因此無條件地把犯罪視為個人問題嗎？為了預防犯罪，我們需要更縝密的社會體系。

　　人們在什麼情況下犯罪，又在什麼情況下不犯罪呢？如前述的羅伯特・席爾迪尼在《社會心理學》中舉過一個例子。某人被請求介紹自己的兩位摯友，他說朋友 A 很外向，朋友 B 很內向。請他再多描述兩位朋友，他又說 A 雖然很外向，但有時候喜歡一個人獨處；B 雖然很內向，但和朋友在一起的時候感覺很自在，偶爾會出現粗魯舉止。這意味著什麼呢？

　　我們由此可得知，人與情境往往是相互影響的，情境會影響我們的想法、情緒與行為模式。即使是性格外向或內向之人，根據當下的情境也會出現不同的反應。因為人會與情境相互作用。

為什麼人們處於相同情境卻會有不同反應？

　　接下來我將介紹幾種人與情境相互作用的方式。

　　第一、情境選擇人。不是每個人都能自由選擇自己想要

的環境，人們受限於環境，有可能被剝奪想做「什麼」的機會，像是經濟有困難，或受到父母虐待等，不是由自己意志所選擇的或責任不在於己的典型案例。這種情境會剝奪一個人作為社會成員正常生活的機會，這時，當事者會產生相對剝奪感與無力感。

第二、人選擇情境。人可以自由選擇符合自己欲望或目標的環境，如可以不參加公司聚餐的上班族，或是選擇在家聽課的研究生。我們在日常生活中會做出理性判斷，假如覺得身體不適，可以說明情況後早退。然而，這種社會壓迫與壓力並不僅僅會發生在職場上，有些情況是涉及內在的。

舉例而言，有些人受到像是財富不均衡等扭曲的價值觀影響之下，會被情境支配，他可能會為了維護自己的尊嚴，不惜傷害他人也要維持某種狀況。然而，大部分人不會任由情境反客為主，仍掌有支配權，所以不會選擇犯罪。因此，是人選擇情境，還是被情境支配，會帶來天差地遠的結果。

根據情境不同，人的其他方面也會被「促發」。每個人都具有的恭順與攻擊性等特質，會根據不同的情境被促發。當我們看到或聽到某個單詞，或接收到某個訊息，會導致

我們的思想與行為產生微妙的變化，此一現象稱為促發效應
Priming effect 。

　　心理學家約翰·巴奇 John Bargh 進行了促發效應相關實驗。他將實驗對象分成三組，向各組展示五個單詞後，請他們用其中四個單詞完成一個句子。

　　第一組：得到了與無禮、傲慢、攻擊等相關的五個單詞。

　　第二組：得到了與恭敬、親切等相關的五個單詞。

　　第三組：得到了五個中立性單詞。

　　在完成句子的實驗之後，約翰·巴奇分別與三組進行對話，他說了十幾分鐘的話，第一組有 63% 的人不到十分鐘就打斷他的話或提出異議；第二組有 17% 的人提出異議；第三組則有 38% 的人打斷他的話或提出異議。

　　該實驗結果明確顯示，人們依據被促發的東西不同會出現不同的行為。犯罪者因為無力感或當下的情緒，覺得自己被排斥於社會關係之外，不付出努力改變情境，而是表露自

己的負面情緒，他們會因不同的情境被促發不同的面貌。漠
視孩子的父母會促發性格穩定的孩子的焦慮感；配偶或家人
的政治觀、社會觀會促發其他家庭成員的不同觀點，尤其是
在暴力家庭環境下長大的孩子，會具有較高的攻擊性。健全
家庭崩壞和心理孤立最終會影響到一個人解決問題的方式。

　　我進行犯罪側寫的過程中，有時會與罪犯形成投契關係
rapport，假如我遇到相同的情況，我是否也會犯下相同的罪行
呢？這仍是犯罪學的待解之謎。

　　如上所述，從人受到情況支配的案例看來，那些人大多
缺乏明確目標，倘若有一個明確且正確的目標，無論外部環
境如何，自己都有支撐自己的力量，然而，目標不明確之人
勢必受情況支配。如果試著分析犯下數位犯罪的二十多歲罪
犯，就會發現他們欠缺明確的人生目標，而且會問：「我真
的能適應這個社會嗎？」透露出受到社會壓力的不安情緒。
這些情緒會使他們產生賺快錢的欲望，結果拿性剝削物脅迫
他人，犯下罪行。當某人無法擺脫挫折與壓力帶來的無力感
與排斥感，就很難樹立正確目標，從而被情境所支配。

　　那麼假如犯罪者獲釋後得到經濟支援，能否降低再犯率

呢？這無法肯定。我們還不清楚犯罪是先天遺傳還是後天環境所造成。犯罪側寫是追蹤犯罪者犯罪的環境背景，性剝削犯罪者會展現出類似的模式，其集合就是一種「剖繪」profile，透過剖繪，我們能一定程度地預防犯罪，逐一消除誘發犯罪的因素。然而，我們仍然面對著「減少犯罪因素是不是就能減少犯罪」的問題。因為我們不可能進行後續研究，研究是否環境產生變化，我們就能期待或希望犯罪者會從善。這依舊是一道待解的難題。

讀懂惡之心靈就能抑制犯罪

看破罪犯的心理，培養預防犯罪的雙眼

若仔細觀察他們的心理，
就能找出犯罪同步化過程。

惡如何進化

指責不公平的自我合理化：隨機犯罪

　　顯而易見的惡正擴散至網路世界，不僅有製作與散佈性剝削物、煤氣燈控制、性誘騙，還有包括電信詐騙在內的詐騙與網路賭博，這些行為與很多其他犯罪息息相關。在日益複雜與瞬息萬變的世界中，利用脆弱的人們渴求避風港或逃避心理所進行的犯罪正在進化著。

　　這類犯罪的顯著共同點之一，是加害者用善良的形象包裝自己，假裝幫助受害者，而受害者會被認為是他們的錯誤才造成傷害。這就是現代社會正在發生的犯罪現場的面貌。為了管束犯罪與守護我們的心免於犯罪的侵害，我們有必要

深入思考與分析為什麼這樣的情形會出現在韓國社會？

何謂公平？幾年前，網路上曾出現一篇文章：

「當我的朋友在睡覺、玩耍、旅行的時候，我全力以赴地讀書，考上好大學，但是他們卻能和我享有一樣的待遇，這讓我感到很不公平。」

有人留言強力抨擊這邊文章，我注意到其中一則留言：

「是，我認同你在別人玩耍、睡覺的時候用功讀書，考上好大學，成功了。但是，在你讀書的時候，我正在加油站幫人加油；在你讀書的時候，我在打工擦碗盤。我不能像你那樣是沒有機會，而不是不努力。」

這場爭論的核心就是公正。公平與正確，人人享有平等的機會，稱之為公正。大多數的現代犯罪者也會用機會論來合理化自己的犯罪行為，或為自己的犯罪動機辯解。但是，他們所主張的機會論往往嚴重扭曲事實。即使他們有機會過上好生活，他們也會埋怨社會與怪罪他人，而不是努力去把握機會。

最終，他們扭曲、歪曲的想法超越了個人問題，演變成犯罪。僅從他們常喊的「是這個世界把我變成這樣！」就足

以看出他們的思維與心理是多麼扭曲。

獨佔對方的心理：歪曲觀念的弊端

今時今日，社會的惡是如何進化？就像第一講中提到的，由於監視器、手機、行車記錄器、認知水準、媒體發達等，現在社會用物理攻擊表現憤怒的方式是有限的，於是社會逐漸轉變成情緒暴力時代，其中最典型的例子是數位犯罪、網路霸凌、煤氣燈操縱與性誘騙等等。

近來，韓國社會最夯的話題就是約會暴力與是否廢除觸法少年法[6]。戀人之間的問題變質成社會議題，其中有可能涉及了韓國傳統社會觀念。

簡而言之，有些人扭曲了財產或從屬關係的概念，並套用於情侶關係——我的戀人是屬於我的所有物，我能隨心所

---

6 根據南韓《少年法》定義，觸犯《刑法》未滿 10 歲者為「犯法少年」，10 歲至 14 歲為「觸法少年」。

欲的對待，而不是彼此相愛、互相尊重與了解，共同規劃未來的對象。越是有這種扭曲認知的人，越有可能演變成跟蹤狂或約會暴力。

我與約會暴力犯罪者面談時，發現他們認為自己對對方關懷備至，反倒是對方瞧不起自己。但所謂的關懷，是做對方想要的事，而不是做自己想做的事。可是他們對關懷的概念與普通人不同，把關懷曲解成不顧對方的意願，做自己想做的事，很多時候這樣會演變成犯罪。對方不想要的關懷不是真正的關懷，這種關懷從一開始就應該迅速制止。無論暴力或煤氣燈操縱，都是一種需要迅速解決與制止的危險行動。

煤氣燈操縱也是一種心理控制的情緒暴力，但是受害者作為當局者，因為「我應該要陪在那個人身邊」、「看在這段時間的情份上」等各種想法，經常無法主動斬斷關係，讓自己持續身處暴力中。有些人是因為當局者迷，無法客觀判斷自己所處的情況；有些人是因為恐懼而猶豫不決，無法果斷阻止或結束感情而變成了犯罪。

儘管這類型的資訊已經見於各種媒體上，但仍有很多人

每天活在恐懼中。當你覺得有異常，不要認為那是常見的情侶吵架，或他人的私生活不便干預，應該積極介入，伸出援手。

另一個引發韓國社會爭議問題的是觸法少年法的廢除問題。觸法少年指觸犯了刑罰法令的十歲以上，未滿十四歲的少年。這些少年因為不具刑事責任能力，即使犯罪也不會受到法律制裁，是保護處分的對象。

問題是觸法少年的犯罪十分嚴重，其罪行嚴重性的變化超乎想像，與「農村盜瓜」[7]時期無法相提並論。但韓國至今仍採用一九五〇年代制定的法律，所以廢除觸法少年法的聲浪高漲。

我認為目前固然需加強觸法少年的懲處與完善其法令制度，但在此之前，我們這一代更需要思考用何種方式教育少年，建立犯罪意識。雖然罪行有別，但根據國外成功案例來看，他們的對策之一是實行修復式正義 Restorative justice [8]，讓犯

7　指韓戰後一九五〇年代至一九六〇年代，生長在農村的人小時候夜晚會去偷摘鄰居的西瓜等水果。當時對法律意識淡薄，並不會覺得是犯罪。
8　又稱恢復性司法。指組織受害者們與犯罪者的會面，讓受害者們分享他們對發生事情的經驗，犯罪帶來的傷害，犯罪者能做什麼修復犯罪造成的傷害。

罪者明白他們的罪行帶給受害者及家屬多大的痛苦，生活變得多麼不易。

　　透過這種作法能改變觸法少年覺得「這只是開玩笑，是遊戲而已」的想法。雖然下調觸法少年的年齡、加大懲處力度是不可或缺的，但是預防青少年犯罪的關鍵，是改變他們對犯罪的認知，這也正是矯正與教化的作用。

上癮的沼澤，無法擺脫的無力感轉變成犯罪

　　青少年的網路賭博歪風是另一個日益嚴重的問題。不僅國、高中生，甚至小學生都能輕易地登入賭博網站。賭博在韓國社會被定義為一種非物質性上癮，意味著它與毒癮相差無幾。

　　接觸毒品的犯罪者最常見的兩種說法，一是出自好奇心而開始，一是以為自己只要下定決心，想戒就能戒。這絕對是錯覺。為什麼我這麼說？因為他們絕對不會停止吸毒。賭

博和毒品具有相同的心理機制，都是始於好奇，每個人都以為隨時能戒，而也絕對戒不掉。

在青少年容易登入的賭博網站上，賭博網站經營者會把錢借給青少年當賭本。把錢輸光的青少年會再次借錢，債滾債，一發不可收拾。有些債台高築的青少年會透過經營者牽線，向地下錢莊借高利貸，有些青少年不惜犯罪籌錢還債。隨著持續的惡性循環，青少年深陷賭博沼澤到了無法脫身的地步時，經營者拿減免債務的條件誘導他們拉其他青少年加入賭博行列，或利用青少年，讓他們當賭博網站管理者。韓國青少年毫無防備地暴露在驚人的組織犯罪中。

與連環殺人並無二致的組織性犯罪

隨著網路和手機的普及，韓國社會出現了不斷進化的新型有害問題，自殘網站、虐待動物網站等甚至演變成犯罪，這些犯罪與隨機殺人是不同型態的犯罪。在二〇〇〇年代初

期，犯罪者會親自物色下手對象，受害者約為一兩名，但現在一次的犯罪會釀成大禍，殃及數千、數萬名受害者，典型案例有數位犯罪、暴力犯罪與煤氣燈操縱。

精神變態者為達目的不擇手段，甚至不惜殺人，因此與其說他們是有目的殺人，倒不如說他們是為達目的而殺人。

只要是思維邏輯正常的人，就算有迫切想實現的目標，也無法理解與容忍有人為達目的不惜害人性命，但精神變態者並非如此。然而，現今社會出現的精神變態犯罪者與過往的精神變態犯罪者，如柳永哲、鄭南奎、姜浩順等不同，其犯罪手犯更巧妙與系統化。

我們來看一下 N 號房事件的犯罪者趙主彬的犯罪手法吧。N 號房事件是犯罪者製作性剝削物，並透過聊天軟體 Telegram 傳播。趙主彬的犯罪特點是突破社會安全網，蒐集他人個資來物色受害者。他在人們不注意的情況下發送駭客連結，神不知鬼不覺地駭走個資，破壞社會基本秩序。而後趙主彬會要求受害者拍攝性剝削物，再用於牟利。許多人加入了 N 號房，隨機接觸到那些性剝削物，受害者承受不住打擊而做出極端選擇。

　　實際上，這種犯罪罪刑應與連環殺人並列等重，而不是只歸於數位犯罪而已，應加強法律懲處力道，更嚴格遏制與懲處這類犯罪。趙主彬之所以沒有流於輕判，能被判到四十五年，是因為其罪名為組織犯罪，而不只是數位犯罪那麼簡單。

　　電信詐騙犯罪也是如此，今日的精神變態犯罪者更常從事經濟犯罪。一個平凡的家庭會因智慧型詐騙瞬間支離破碎，即使受害者因無法承受痛苦而走上絕路，加害者還是會泰然自若地撇清關係，加害者會認為「被騙是受害者的問題，我又沒犯什麼了不得的罪」。電信詐騙也應被視為組織性犯罪進行處罰。我們必須更仔細地分類犯罪行為，制定出相應懲處之法律。電信詐騙不僅僅破壞個人的生活，也破壞了社會秩序與安寧，罪大惡極。

未來的犯罪，進化與預防

　　未來的犯罪類型將如何變化？現在已有跡可循，今後會有更多情緒虐待與造成心理痛苦的犯罪。巧妙的煤氣燈操縱、以孩子為對象的性誘騙、發生在網上的數位性剝削犯罪等，很可能會以更多樣化、更新穎的型態出現。因此，我們從現在起就必須強力防範性剝削犯罪，不能將這些犯罪單純視為數位犯罪來處罰，而應加強刑罰力度。

　　韓國為阻止這一類犯罪，正在完善法律。過去由於法庭不接受非法蒐證，警察調查組無法進行臥底調查，不過自二○二一年九月起，調查人員被允許能偽裝成其他身分進行蒐證的法案通過，警方能合法進行臥底調查。換言之，警方能比過去更積極與應對犯罪。

　　犯罪模式日益巧妙，警察當然也應有所進化。我將三十多年的人生奉獻於警界，其中部分時間擔任重案組刑警，剩餘的時間是 CSI 要員與犯罪側寫師。長期從事警察工作，我深刻感受到警方對犯罪的態度應比現在更積極才行。

　　我與警察、檢察機關、法官、檢察官等執法人員見面時，他們都認同修法的必要，甚至我還未卸下警察職位時也持相同論點。既然如此，當做之事應及早進行，我們應加快修法腳步，努力地促進改變。因為一成不變的法律無法跟上迅速進化的犯罪。

　　作為一名警察，在犯罪現場工作的我，切實感受到法律的弊端與不合理。光陰荏苒，斗轉星移，我們卻仍用不合時宜的法律執法。

　　警察的作用是把這些不合理的法律放至檯面上，透過與民眾溝通，提升修法的民意。若警方不作為，仍口口聲聲說「國會得修法，我才能那樣做」，那麼至死都不會有變化。這些話不僅僅是對警察說的，無論是檢查機關或法官，都應該依據隨時代而變的犯罪趨勢與類型，積極加快改變步伐。

　　年年都聽聞虐童與令人心碎的命案，令人鬱悶又憤怒。每次都是只有案件發生才會急就章地討論對策，但也僅止於此。多年來一直是這樣，不斷地原地踏步，直到再次發生類似犯罪，又倉促地商討對策，互相抨擊，並卸責給國家機關，說沒有能適用的法律。我個人認為在執法前線工作的警

察應主動求新，解決問題，推動民意溝通，建構能促成法律改革之環境。

　　偶爾有人會問我在案發現場會不會感到恐懼，事實上，比起面對犯罪者或身處案發現場的恐懼，目睹受害者與家屬那一瞬間經歷的痛苦，以及永遠無法修復的創痛，更令我難受。儘管追捕犯人是我的職責，但當我面對痛苦的受害者與家屬，我心中會湧上無盡的愧疚與煎熬，特別是到了兒童受害者的犯罪現場，更是怒火中燒，痛心疾首。

　　我認為沒有所謂的輕案。通常大家會說「殺人案和詐欺案不是不一樣嗎？」如果有人認為「被詐騙又不會受到致命傷害也不會死人，哪有痛苦到想死那麼誇張？」那是因為沒站在受害者的立場將心比心，才能輕易說出這種論點。除了受害當事者之外，誰也不能輕率地衡量罪案輕重。世界上沒有任何罪案是無足輕重的小案。

了解後會很實用的五種犯罪心理

啟發法，單純的決策陷阱

　　二〇〇三年柳永哲被捕後，引起社會震驚，沒想到韓國竟然也出現了連環殺人犯，因此促成許多心理學家齊聚一堂召開了研討會。當時我是個資歷尚淺的犯罪側寫師，雖多次親赴案發現場，但對犯罪行為仍屬懵懂無知，不知如何分析與調查第一次遇見的連環殺人犯。

　　許多學者在研討會上解釋各種理論，當時大家的焦點仍放在「如何利用學術理論抓罪犯」，在研討會結束後，一位年長的退休教授問我：「你認為理論和實踐一樣嗎？」我答道：「似乎不一樣，就案發現場的情況而言，僅憑理論是無

法了解犯罪者的行為模式的。」而那位教授給了我一個明快的答案：「理論與實踐是一致的，如果有錯，兩者之間必有一錯。關鍵是如何理解理論，將之應用於犯罪現場，兩者不可分割。」從那之後，我非常認真地研讀理論。

假設你大致知道犯罪的基礎知識，那麼我想介紹五種犯罪理論，將對你有所幫助，不過這些理論在心理學與社會學領域更廣為人知，而不是犯罪心理學理論。還有，這些理論並不能徹底預防犯罪，但我們能站在犯罪者的立場上，理解犯罪者的思維與判斷依據，將有助於預防與應對犯罪。

第一個理論是啟發法 Heuristic。啟發法是行為經濟學理論之一，指影響當事者思考與判斷的因素。啟發法是一種簡化決策過程的指針，旨在利用現有資訊作出可行決策，而非完美決策。

在日常中多的是難以預測的變數，我們很難對每一個變數進行研究後才作出決策。這就是為什麼我們經常會想「有了這些資料應該能下決定了吧。」其中最典型的例子有：可得性捷思法 Availability heuristic、代表性捷思法 Representativeness heuristic，以及定錨與調整捷思 Anchoring and adjustment heuristic。

　　第一、可得性捷思法是指以腦海中立刻浮現的資訊或事例為基礎，認為很有可能會發生相關事件或事例的認知傾向。舉例來說，發生了某件事，於是我把不久前在新聞、社群網站或 YouTube 上看見的事聯繫起來，進行判斷。

　　可得性捷思法的代表性情況是形象簡化。舉例來說，韓國原本沒有連環殺人犯，大眾沒有對連環殺人犯的基本認知，姜浩順案是在十二月中旬發生，也就是聖誕節之前接二連三地發生了失蹤案。

　　我那時候被派到京畿道警察廳，前往案發現場，每個調查人員都徹查聲色場所，挨家挨戶詢問與調查，新聞每天都報導著該地區的失蹤案，但因為是年末，大街小巷都是興奮的人潮，當時人們腦海中還沒有連環殺人犯的概念與形象，所以沒有意識到那是多麼可怕與危險的犯罪。

　　姜浩順落網後一個月左右，我又去了那個地區，當時街上冷冷清清，通常我們會認為在犯人被捕之前，大家會感到危險所以閉門不出，犯人被捕後才會安心步出家門。這違反人類常識性判斷的行動與現象，與我們一般常識所知的情況相反。

　　報章媒體撲天蓋地地報導姜浩順被逮捕消息，受害者屍體被挖出的模樣被報導出去，人們才醒悟「我家附近住著一個那種犯罪份子」、「那種殺人不眨眼的壞人離我們這麼近」，因此開始感到了恐懼與驚嚇，產生了對連環殺人犯的概念與形象。

　　第二、代表性捷思法指在不確定的情況下，把某一事件視為整體的代表案例，藉此判斷頻率與機率。

　　第三、定錨與調整捷思。這可說是啟發法理論中最核心的理論，指以自己所知的標準設為標準，根據自己認為該標準適用於何種狀況作出決定，就像定錨效應 Anchoring effect 一樣，某艘在某處拋錨的船，能移動的範圍有限。這也是調查人員在案件初期調查時常犯的錯誤之一。

　　比方說，有個孩子失蹤了，調查人員為進行調查，拜訪了孩子的父親問：「令郎平常是怎樣的孩子？」孩子父親說自己的孩子天性內向，喜歡一個人在家看書，不愛和朋友玩，那麼調查人員就會生成一個自我參照點，例如：「這起失蹤案，孩子和認識的人走的機率比和陌生人走的機率大」，只蒐集合乎自我標準的資訊，大錯特錯而不自知。從

某方面來看，這與確認偏誤是相同概念。

確認偏誤，只看想看的，只信想信的

第二個理論是確認偏誤 Confirmation bias。確認偏誤是指只關注符合自己的價值觀、信念與判斷的資訊，忽略其他資訊的思考模式。現今韓國社會中，最令人擔憂的就是演算法引起的確認偏誤，也就是在隨機的資訊中找出某種模式，提供僅限於該模式的資訊，結果演算法只提供個人想看的與感興趣的內容。

入口網站、社群網站、網上商城等網路環境限制了我們的選擇。成為現今社會的問題的「不實新聞」，也是確認偏誤的反面例子。將小事誇大，或根據特定的目的與期待，對模糊且不具一貫性的資訊進行偏頗評價等，都屬於確認偏誤。

即使今日的我們都活在不得不堅持自我確認偏誤的環境

中，大部分的人也克服了這種環境，問題在於確認偏誤一旦開始，就很難擺脫逆火效應 ^{Backfire effect}。逆火效應是指當當事者發現與自己信念相矛盾的證據時，不會因此改變信念，反而會堅持與強化原本的信念，就是反效果的意思。邪教或電信詐騙受害者身上經常可見逆火效應。

在邪教組織內部仍進行著典型的煤氣燈操縱與誘騙，怎麼會有人相信那些荒謬的教義與言論呢？雖然想是這麼想，但如果我們站在定錨與調整捷思與確認偏誤的心理機制上，仔細觀察，就能理解受害者為什麼會落入那些陷阱，遭受傷害。

電信詐騙受害者也是如此，即使身邊的人說「好像不對勁」，並解釋了哪裡可疑，當事者也不會相信自己正受到電信詐騙。

解讀殺人犯　067

歸因理論，是我的錯還是別人的錯？

第三個理論是歸因理論 ^{Attribution theory}。歸因理論是指找出自己或他人的行動、對話之原因並歸類，來推測人事物所具有的固有持續性、屬性與傾向的過程。根據當事者認為誘發行動或對話的原因不同，個人情緒及對未來的期待與動機等也會不同。舉例來說，有人看我，我會覺得那個人是喜歡我，或是討厭我。

歸因大致可分為內控型與外控型。內控型認為社會思想之所以能控制人類，是人自身的行為或內在控制（能力、努力）所致。外在型則認為原因出在依靠他人的無形外在條件，好比巧合、運氣與機會等。簡言之，發生了某事件，內控型人會認為是「自己的錯」致使的，外控型人則認為是「別人的錯」。

內控型人的行動特徵是認為只有我會考量到社會，我具有社會性思考，但這種思維未必是好的性格。性格不分好壞，各具優缺點。內控型人情緒穩定，在與人打交道時具有

強烈的優越感與自信。

　　因此，對於任何負面結果，內控型人會歸因為是因為我的努力不及人。內控型人擅長忍受欲望的不滿足，贏得他人的好感，自尊心高，有聰明與理性的處事能力，且相當獨立。

　　整體而言，內控型人有很強的社會適應能力，低焦慮感，與同事及身邊的人維持良好的社交關係，強烈渴望成功，不會設定超出自己能力太多的目標。內控型人透過行動展現出自信、自尊、優越感與追求成功的欲望。

　　外控型人的行動特徵是慣於借助他人的力量以解決煩惱，以及由於較大的疏離感與焦慮感而導致的需求不穩定。

　　當外力導致外控型人的欲望受挫 frustration，敵對意識的防禦機制將被啟動，他們會變得有攻擊性。外控型人大多是權威主義者，如事情不符合自身信念就會產生抗拒反應。他們專制武斷，多疑、不易信人，缺乏自信與洞察力，社會認可欲望不足。

　　當對欲望的不滿足感被壓抑，外控型人會有較高的焦慮感（行為因焦慮而被抑制）。因為對他人的依賴心強而加深

焦慮，當他們開始做某件事，很難發揮所長。另外，內控型人與人往來容易感到緊張，因此有較強的孤獨感與敏感性，有強烈的衝動傾向，傾向於贊同歷史重要人物與支持具有外在力量的人。

當內控型人遭遇不幸時，會歸因為自己的失誤或努力不足所致，外控型人則認為是環境造成自己的不幸。大部分的罪犯都屬於外控型。

「投射」 projection 是一種心理學上的防禦機制，意指事情的結果是因為他人導致的。外控型是較投射更全面的概念，認為機會被剝奪、社會對家庭階級的偏見是導致負面結果的原因。韓國過去的幫派組織犯罪，如至尊派、莫加派、溫保鉉案等所表現的心理特性，結合韓國過往社會環境後能得到解釋。

自我效能，情緒低谷時顯露的犯罪傾向

　　第四個理論是自我效能 Self-efficacy。自尊是人們在生活中常提及的概念，但即使是同一個人，自尊也會有高低起伏，有自尊高的時候，也會有自尊跌落谷底的時候。重要的是，我們為了恢復自尊心而努力生活才是健康的人生。但是有一種比自尊更令人困擾的情緒，那就是自我效能。

　　自我效能意指相信自己能成功完成某事的期望與信念，一個自我效能高的人，會不斷地嘗試新方法，設定理想又合乎現實的目標，透過不懈努力實現目標。相反地，一個自我效能低的人在嘗試新挑戰或經歷失敗時，往往會歸因於自己的能力，一再放棄，招致反覆的失敗。

　　實際上，犯罪者即將犯罪時有非常低的自我效能，認為自己無能為力、有被剝奪感、排擠感等，錯綜複雜的情緒相互交織，使得他們的自我效能逐漸跌至谷底。問題是，他們的想法不會止於「我的能力到此為止，這就是我的極限」，他們會利用他人來恢復已崩塌的自尊，滿足提高自我效能的

欲望。典型犯罪案例為有煤氣燈操縱、誘騙與性剝削等等。

異常心理，我也拿我的心沒輒

　　第五個理論是異常心理 Abnormal mentality。異常心理是最常應用於分析犯罪者心理的理論。異常心理包括精神疾患、精神官能症、人格障礙、適應障礙等關乎人類情緒、認知、行動與思維的問題。為了定義「異常」，我們首先要了解何謂「正常」，具體舉例如下：

　　第一、能如實解釋自己身邊發生了什麼事。
　　第二、能認知自己的動機與情緒。
　　第三、必要時能適當控制自己的行動。
　　第四、能承認自身的真正價值，能感受到周遭人的包容。
　　第五、生活中能與他人建立親密的關係。

第六、能將自己的能力適當地運用到生產性活動上。

就像上述舉例一樣，正常人具有現實意識，能適當地控制自己，感受到自己是被他人包容，屬於社會的一份子，具有普世價值的自尊，透過和他人交流能進行生產性活動與思考。反之，一旦脫離了這種社會文化就會被視為異常。具體舉例如下：

第一、做出脫離社會標準，頻率高於普通統計的罕見行為時。

第二、做出嚴重脫離社會公認規範的行為時。

第三、當個人行為會對自己或社會造成負面影響時（如酒後暴力或宣洩憤怒等）。

第四、從主觀感受上，把自己的痛苦看得太重時。

上述第四例是有助分析犯罪者心理的代表性例子，正如字面上所言，犯罪者過度主觀地看待自身痛苦。

我非常喜歡美國流行音樂團體木匠兄妹樂團，從小就聽

他們的歌長大，某一天我聽說了妹妹凱倫‧卡本特的死訊，死因是嚴重的厭食症。她總是覺得自己太胖，拒絕進食，結果不幸餓死。但沒人覺得她胖，她的主觀觀感與人們的眼光不同，認為自己太胖，甚至胖到了拒絕進食的地步。在極其主觀的情緒中，她認為自己過胖，並為此痛苦煎熬。

歸納下來，異常心理就是「別人不這麼看，自己卻這麼認為」，所以異常心理者會產生負面的憤怒情緒，從而攻擊他人。經常表露出異常心理的精神疾患、精神官能症、人格障礙與適應障礙等患者，最後犯罪的情況屢見不鮮。

但即使患有精神疾患，只要積極接受治療，並不會有太大的危險性，不致於要被社會污名化。所以哪怕是為了預防犯罪，社會也應該努力推動患者的積極治療風氣。

但很多問題都是出在中斷治療出現的現象。我負責過許多與思覺失調症相關的案子，與犯罪者面談後發現他們中斷治療後約三個月，會出現攻擊性急遽上升等危險現象。為什麼這種事情一再上演？

這是因為患者在年幼階段會由父母或家人帶去治療，可能會讓他住院，積極接受如心理諮商或藥物等多種治療方

式。但等患者逐漸長大，照顧患者的家人越來越疲憊無力，最後可能就撒手不管，留下患者獨自一人。患者會感到被孤立，中斷治療，病情惡化到演變成犯罪的地步。這也是為何我們應積極討論社會福利系統的作用，犯罪絕非個人問題。

假如患者已是成年人，那麼就需要他本人的同意才能住院，因此經常錯過治療黃金時機，這也是為何會釀成遺憾的犯罪事件的原因。法律之所以會嚴格管制住院條件，是因為一九八〇年代有惡意利用法律漏洞之人。不過，我認為是時候修法了，因為思覺失調症患者或妄想症患者，沒有家人或身邊的人幫助，很難有病識感自行決定住院。

事實上，經常會出現有人報案說看見某人拿著凶器威脅他人，而警方趕到現場一看，發現犯嫌表現出思覺失調症的症狀。在過去，警方會將犯嫌強制送往醫院，讓醫生診斷後開藥。到這一階段為止，不需徵得家人同意也可以。

問題是住院七十二小時後，如無家人或患者本人同意，患者就不能再繼續住院治療。如此一來，患者的病況無法得到控制，會倒退到原本的狀態。每個人都有可能罹患這些病，有可能是我，也有可能是我的家人或鄰居。這也是為何

周遭的人能提供幫助與積極就醫非常重要。這是我們保護自己，保護社會不受犯罪侵害所要做的事。

精神疾患患者的犯罪率佔所有犯罪統計比例不到百分之一。雖然說有人格障礙、歸因性強、社會無力感大的人有更高的犯罪率，但之所以說精神疾患患者危險，是因為他們的行動無法預測。

澳洲有一種地區命令制度，強制患者住院，醫療費由政府負擔，是用來保護患者與地區安全的。假如有人認為某人精神異常有可能帶來危險時，當地的警察、精神科醫生、臨床心理學家與地區居民代表會一起開會。借鑑澳洲，韓國社會不能繼續把精神疾患歸咎為患者或患者家人的責任。因為這種解決方式的成效有限。對精神疾患患者放任不理，違背了預防犯罪的目的與意圖。

此外，美國精神科協會出版《精神疾病診斷與統計手冊》（Diagnostic and statistical manual of mental disorders，簡稱 DSM-5）中，將人格障礙分為三大群：

A 型：偏執型、分裂型、分裂—奇怪行為型、偏離方

向。

B 型：歇斯底理型、自戀、反社會型、警惕型、戲劇性—邊緣型、情緒化型、善變。

C 型：迴避型、依賴型、強迫性—不安、憂慮、恐懼。

每個看過異常心理的人格障礙因素的人都會說，「我好像也有點這種傾向」、「我覺得我也有點強迫性格」、「我的焦慮指數好像有點高」，但不能就此斷言自己具有人格障礙。如果你因為某些傾向，影響到社會生活，那可以稱為人格障礙，但如果你的生活沒有太大的不便，就只能說你是稍有這種傾向的人。

異常心理學其中一個重點就是，不能僅憑幾種線索就定義自己。當某人無意中強調「我是強迫症患者」或「你有點像強迫症患者」，自己或對方會被洗腦，真的變成那種人，所以不能替自己或他人妄下定論說：「你是偏執型患者」、「你是迴避型患者」、「你是強迫症患者」。

在人格障礙的三大群中，迴避型人格違常者屬於 C 型，有許多兒童性侵犯顯示出迴避型傾向。迴避型傾向的特徵是

極度害怕被拒絕，他們害怕與成年女性交流，擔心自己說的話會被拒絕，因此多選擇兒童為犯罪對象。倘若仔細觀察兒童性侵犯的心理，能找出其心理與犯罪動機是相關的。

要讀懂心才能看見的東西

為什麼孩子們會感到愧疚？

　　很多父母希望加強兒童與青少年期的犯罪相關教育，我深有共鳴。父母的這種要求之所以增加，意味著我們的孩子很容易接觸到各種犯罪，特別是他們不經意就會接觸到虐待動物犯罪或上自殺網站，危害相當嚴重。

　　有很多連環殺人犯在童年期虐待過動物，他們想表達負面情緒時，會優先選擇比自己弱小的對象，如鴿子、貓狗等身邊常遇見的動物。當他們學會用這種攻擊方式表露負面情緒，長大後遇到人際關係衝突時，也不會合理解決衝突，而傾向用和小時候殺虐動物的相同方式消弭矛盾。

　　高有貞^{音譯}⁹是如此，姜浩順、鄭南奎等連環殺人犯也是如此。他們在成長期沒學會妥善消除矛盾與憤怒等情緒，所以長大成人後用同樣的方式消除衝突與憤怒，最終演變成犯罪。這也是為何我們應該在兒童與青少年期積極加強犯罪教育。

　　不過現代社會的孩子們壓力沈重，面臨著比過去更多的壓力與矛盾。比方說，他們很認真讀書，當然也會想和朋友玩耍，想打電玩，所以有時候會背著媽媽偷偷打電玩或和朋友玩耍。在這種時候，孩子不會覺得「啊，玩得好開心」，而是心懷愧疚，想著「朋友們都在讀書，只有我背著媽媽偷偷來玩耍，怎麼辦？」大人時常忽視了孩子的這種心理。

　　假使這時候大人直接和孩子對話，會發現他們在做自己想做的事情時會感到內疚，孩子對父母感到抱歉而心生愧疚這件事本身會讓孩子很煎熬。如果父母對孩子說「你不用那麼愧疚，你現在這麼辛苦不是你的錯」，孩子往往會流淚。

　　有人能理解自己的心，並產生共鳴，這種溫暖的情感會

9　二〇一九年涉嫌在濟州殺害前夫後毀屍滅跡的殺人犯，二〇二〇年被判處無期徒刑。

讓人容易和他人產生同理心。倘若這種同理心層層積累，就能成為我們從本質上預防某人因與社會的疏離感犯下隨機犯罪的基礎。

是因為愛的錯覺

讓我們看一下因為負面情緒而導致犯罪的另一種情況。被煤氣燈操縱的人是不是普遍具有高度同理心？雖非一定，但整體來說他們具有高度同理心。縱使理智告訴他們必須儘快斬斷不健康的關係，但要他們付諸行動並不容易。

在這裡必須明確釐清一點。受到煤氣燈操作的人無法擺脫控制，絕對是因為加害者的狡猾與巧妙的技巧，不是因為受害者有問題。因此煤氣燈操縱受害者是所有案件中最迫切需要周遭人幫助的。

舉例來說，假若你有個過去常約出門的好友，你們的聯絡頻率降低了或失去聯繫，在毫無理由的情況下，他不再和

任何人見面，那你就要懷疑那個朋友是不是身處險境。

煤氣燈操縱加害者的首要目標就是封鎖所有資訊，他們會努力不讓周遭人知道受害者處於什麼樣的情況、有在和誰聯絡等。加害者的第一個策略就是徹底阻止自己的目標對象從他人那裡獲得建議或幫助的機會，也就是逐步摧毀受害者的人際關係。

因此如果你懷疑身邊某個人出現類似的可疑癥兆，你就應該製造機會，讓對方說出自己現在的心理狀態和處於何種狀況。他們因為當局者迷，很難客觀判斷自己的情況。

大多數受害者不覺得那是煤氣燈操縱，反而覺得加害者是真心愛著與保護著自己。如果受害者能告訴某人說自己正受到煤氣燈操縱，那麼這名受害者多少已經擺脫了被操縱的狀態。

照顧自我的時間

　　為了防治犯罪，阻斷輕微的挫折感、分享不愉快的情緒與幫助調節個人情緒的社會安全網都是必須的，不過創造能分享個人瑣碎情感的機會並不容易，需要當事人的意志與努力。

　　身邊的人常問我「壓力來源這麼多，要怎麼全部消除？」當然無法盡數消除，所以最終會引發疾病。可是即使生了病，我們還是能維持正常生活的原因，是我們擁有與家人、同事，也就是和我們身邊的人的親密感與互相交流的時光。這是讓我們能避免犯罪的時間，也是讓我們確信自己並不孤獨的時間。

　　比方說，我在調查本部連續工作一週到十天，那種疲憊與壓力是無法言喻的，但我和同事一起吃飯、喝茶閒敘，自然而然會化解掉疲憊與壓力，下班後，我與同事各回各的溫暖家庭，從家人身上又重新獲得能量。

　　我們的大腦透過這樣的日常，自然地分泌血清素，使我

們時時刻刻感到幸福。像這樣妥善照顧自己的生活，就是一種盡力不讓自己突然間暴怒或充滿攻擊性的方式之一。

在韓國社會裡，對罪犯進行教化能起到多少效果呢？令人擔憂的是，很多罪犯是不可教化的，反而還會提高再犯率。因此，我們需要更全面地研究犯罪與動機、如何防治日益增加的新犯罪類型。

譬如，韓國有針對性暴力犯罪者的治療項目，法官會命令性暴力犯罪者需聽完一百個小時或一百五十個小時的性暴力治療課程。

但是，韓國有多少個負責性暴力治療項目的專家呢？先不說人數遠遠不夠，這種項目對於預防再犯的效果究竟有多少也有待商榷。此一類憂慮很難消除，當然有試總比沒試好，只不過性罪犯方面的攻擊性能降低多少，仍是個問號，韓國在這方面的研究不足，而能進行這方面研究的專家數也不足。

在現代社會展開的怪奇惡人展

今時今日更新的犯罪型態

也許此時此刻，

在某個地方有個被殘忍犯罪所遺棄的人，

正迫切地等待有人伸出援手。

惡之心靈如何成長茁壯

虐童，受害者成為加害者的暴力傳承

　　虐童理由千百種，把自己的憤怒發洩到孩子身上的犯罪者，有一種扭曲思維，認為孩子是造成生活艱難的原因。虐童是一種向無力抵抗的弱小兒童發洩憤怒情緒的殘忍型犯罪，而大多數的虐童犯罪者也有過受虐經驗。

　　許多受虐者長大以後努力生活，不讓往日悲劇重演，並努力讓善行影響他人，但是有部分受虐者把暴力視為日常生活方式之一。

　　他們認為暴力是管教子女的唯一方式。他們回顧受虐經歷時，反而會站在施虐者角度思考，依據施虐者的意圖改變

自己的思維，把過去的悲慘經驗應用到教育子女上，認為孩子在這樣的暴力訓育下才會轉變態度，並且認為這樣的方式才叫做「管教」。

無論是我在職時還是退休後，我最常被問到的問題之一就是：「你不會變得厭惡人類或對人抱有負面情緒嗎？」

實際上，我長期處理殘酷的犯罪案件，親眼目睹了無數慘絕人寰的案發現場，和窮凶極惡的罪犯進行面談與側寫。但我仍舊認為人類是善良的。我相信即使有部分惡人擾亂社會，但社會上大多的人都是善良的，社會不會因此而崩塌。

可是，近來接二連三發生了令人不想提起的慘案，這些案件既令人惋惜又荒謬，有年僅二十個月大的孩子的殘酷命案，也有因約會暴力導致的命案，還有一名性犯罪者毀損電子腳鐐逃跑後殺害兩名無辜百姓。

遺憾的是，每次我們談起犯罪，主要受害對象都是那些應該受到社會保護的弱者，特別是犯罪者針對無力抵抗的兒童下手，讓人無法理解與同情那些犯罪者。

若說現代社會正在展開一場與惡人的戰爭並不為過，尤其是虐童與殺害子女的事件層出不窮，讓人不禁憂慮，即使

此時此刻也有被遺棄的孩子正在某處承受殘忍的虐待。

仔細觀察虐童事件就會發現一個特徵:「為什麼虐童會代代相傳呢?」不久前,有個阿姨親手殺害了自己的侄子,後來才曉得,阿姨與受害者的母親兩姊妹,從小就是家庭暴力與虐童的受害者,長大後導致了受害者變成加害者的悲慘事件。代代相傳的虐童現象根本原因眾多,關鍵在於把暴力美化成「管教」的錯誤方式。

很多父母認為暴力教育能立竿見影,立刻矯正孩子的錯誤行為,但這並不是真正的矯正,只是孩子為了躲避暴力而採取的反射反應。任何暴力都無法糾正錯誤的行動與思想,但以「管教訓育」為名,行施暴之實的父母,誤認為這是能迅速讓孩子變得聽話的必要育兒法。

更大的問題是,就連受害的孩子自己也這麼想。在被反覆施暴的情況下,孩子領悟到要避開父母的暴力,就必須表現出父母想要的行動。等到孩子長大成人後,這種模式變成了一種既定思維,他們也認為暴力是解決問題的最佳方法。這也是為什麼實際上被虐待或被殺害的兒童,並沒有任何特殊行動或嚴重的情緒問題,卻也會出現暴力行為。

　　承受父母以「管教訓育」為名施行暴力的孩子長大、結婚生子後，假使自己的孩子妨礙了生活或帶來了壓力，他們就會（甚至以孩子半夜哭鬧為由）殘忍殺害親生骨肉。因為他們從小生活在那樣的家庭環境，所以他們認為那是解決麻煩的唯一方法。

虐待動物是消除矛盾關係的扭曲選擇

　　兒童虐待動物也是一樣，成年後有可能會引發其他犯罪，如前所述，連環殺人犯的共同點之一，就是在兒童期或成長期有過虐待動物的經驗。既然如此，虐待動物和連環殺人之間有何直接關係呢？

　　「連環殺人犯一定虐待過動物，虐待動物會成為連環殺人犯」，儘管這種因果關係並不成立，但仍然有很多連環殺人犯有虐待動物的前科。這是因為他們的生活方式就是這樣建立的。在成長期受虐被罵，被父母拿去和別人作比較等，

承受外部刺激的孩子會產生矛盾心理與煩惱，飽受煎熬。

　　當發生這種事情的時候，一定有很多合理的解決方法，父母可以提前察覺，透過對話化解，或當發現孩子出現異常行為時，周圍的人找出原因，並提供幫助。

　　然而，假如孩子沒能透過適當方法化解心理痛苦，最終會把怒火發洩到無力抵抗的弱者上，也就是昆蟲、鳥、動物等。這種心理防禦機制在心理學被稱為轉移 Displacement。受到來自某人的壓力就應該直接對那個人表達才對，但這些孩子無法那麼做，只好朝沒有威脅性的對象發洩情緒出氣，就像韓國諺語所說「在東邊挨了耳光，去西邊發洩」。

　　當孩子認為無法消除或克服負面情緒，又受到父母虐待，孤立無援時，最終會尋求發洩情緒的突破口，如虐待動物等。如此一來，殘忍虐待動物的行為提供了他們消除負面情緒的滿足經驗，之後他們長大，與他人發生衝突時，他們不會尋求合理的解決問題，而是以徹底消除那段衝突關係作為解決方式。這就是為何兒童虐待動物很危險。

　　在成長的過程中，一生氣就採取殺戮、毆打或攻擊的方式，成年後也認為這些方法是消除矛盾的最佳方式，出了社

會，有人引發憤怒或激動情緒時，他們就會透過直接除去那個人的方式以消除自身情緒。這種情況一旦惡化，就會導致連環殺人等犯罪行為。

柳永哲、鄭南奎和姜浩順等人為了自我合理化，而提出「是這個世界把我變成這樣」、「富人覺悟吧，我活得這麼痛苦，我不能讓你們過著幸福的生活」，這些想法來自於扭曲的情緒。他們因為從小就用這種方式消除矛盾，是以長大後形成了「這是最好的處理方式」的扭曲觀念。

如果你看到周遭的孩子虐待動物，你應該告訴孩子的父母，此時還有一些地方需要注意。孩子虐待動物意味著該家庭很有可能已經存在某些問題。第一，可能是家庭破碎了，第二可能是孩子從父母那裡受到了過度壓力。果真如此的話，孩子的父母可能不是正常的父母，或許有人格障礙，或是正處於嚴重的社會壓力下，因此如果貿然告訴父母孩子的行為，有可能反而被攻擊。

如果是父母有問題，他們聽到孩子的行為時，有可能反而採取攻擊姿態，出現「孩子只是在玩而已，為什麼要小事鬧大」、「你說我的小孩做了丟臉的事嗎」一類的偏激反

應。因此，雖然告知父母很要緊，但先仔細觀察情況，告知地方管轄機構或警方有這種情況也是方法之一。

另外，父母以訓育為名，拿起教訓孩子的鞭子絕對不是好的解決方法，也無法解決問題。解決這種問題的合理方式，是聯絡警方或地方自治團體的諮詢中心或精神保護中心等相關機構請求協助。

即便遺憾，但孩子虐待動物的問題，並不是到對方家裡大吵大鬧說你家小孩殺了我家寵物，靠抗議與動粗就能解決的。要通報警方的原因是必須要公開那個孩子與孩子家庭出了什麼問題，才能尋求多種解決方案，給予援助。

解離性身分疾患，我體內的另一個我

俗稱的解離性身分疾患 Dissociative Identity Disorder，縮稱 DID 10 是一種精神疾病，患者體內出現兩個或兩個以上的人格，其

---

10 較早的《精神疾病診斷與統計手冊》（DSM）版本將其命名為多重人格障礙（Multiple Personality Disorder，MPD）。

特點是患者會根據不同情況做出判若兩人的行動。如果有看過二〇一七年上映的電影《分裂》（*Split*）就能很容易理解。分裂的人格之間不知道彼此的存在，是解離的。

然而，我們人生中也會有這種經驗，在受到極度的壓力時，會覺得自己突然變成另一個人。但有些人即使遇到壓力不大的小衝突都無法應對，瞬間突變成另一個人，更嚴重時發生解離性身分疾患。

有幾項研究結果表明患有解離性身分疾患的患者，很可能在成長期經歷過嚴重的虐待，當時是個無力的孩子，不可能擺脫持續暴力所帶來的痛苦，為了忍受虐待，他會想別的事情，比方說想到和朋友玩耍、去郊遊的快樂等，邊想愉快的事邊承受痛苦。孩子為了在這種極度壓力下保護自己，選擇把自己放空到另一個想法，長大成人後，即使遇到很小的壓力，也會立即出現解離性身分疾患。

是誰，為什麼任意操縱我？

支配我的暴力枷鎖

　　有人問我，如果從小就悲天憫人、同理心強，是不是成為煤氣燈操縱或約會暴力受害者的可能性更高？正如我之前所說，並非如此。但如果你在案發現場和受害者對話，會發現有很多受害者說：「就算對方對我使用暴力，他事後道歉，又對我很好的話，我好像會繼續陪在他身邊，因為這樣能避免他犯下更嚴重的錯誤。」

　　但實際上，這些受害者活在巨大的恐懼裡，無法作出理性的判斷。他們最害怕要是自己為了擺脫加害者的暴力而逃跑，不僅僅是自己會有不好的下場，可能連親朋好友也會被

連累。我們都聽說過某些恐怖情殺案是受害者提出分手後，加害者心有不甘，殺光受害者全家。最終，受害者因害怕自己害到別人，故選擇獨自忍受暴力。

受害者可能覺得那是種負責任的心態，或認為那是一種愛，可是那並不是愛，受害者更沒有義務對那種情況負責。那只是一種暴力，必須斷絕這種關係。

加害者巧妙利用了受害者誤以為那是愛或義務的心理，將受害者囚於無止盡的暴力枷鎖，當受害者再也無法忍受，並試圖擺脫暴力時，很多時候會演變成更嚴重的暴力或謀殺。所以受害者絕對不能用「這是愛情的表達」或「因為那個人天生急性子」等理由來解釋暴力，又或替暴力包裝。暴力就是暴力。

要預防約會暴力或煤氣燈操縱這類的嚴重犯罪，周遭的人至關緊要，即使只有一些跡象，你也應該伸手援助。約會暴力不僅限於肢體暴力，讓人無法擺脫的精神虐待與心理痛苦也是約會暴力之一，無庸置疑。

近來，煤氣燈操縱成為了熱門話題，危害與日俱增，那麼它在法律上是否構成犯罪？先說結論，它並不適用於法

律。煤氣燈操縱一詞不出自於法規定義，亦非心理學專業用語，而是起源於舞台劇《煤氣燈下》（*Gaslight*）。

　　舞台劇主角寶拉被丈夫格里高利支配了心理。格里高利心懷不軌，每晚都爬上閣樓尋找藏起來的寶石，當他在閣樓裡使用煤氣燈時，家中其他地方的燈光會變得微弱。寶拉感到奇怪，覺得家裡總是很暗，格里高利就會否認，聲稱並沒有那種事。

　　家裡的燈每天都變暗，寶拉開始懷疑自己是不是出問題了，最終甚至覺得如果沒有格里高利，自己就什麼都做不到。這就是煤氣燈操縱的本質——操縱者會控制受害者的心理或情況，令受害者產生自責感、自我懷疑，從而支配並控制受害者。

　　雖說煤氣燈操縱最近才成為社會熱議話題，但其實它存在韓國社會已久，然而，在過去煤氣燈操縱頂多是「垂直的上下關係中發生這種事也情有可原，我應該忍耐」，隨著時代變遷，現代社會的煤氣燈操縱已遠超過往，到了無可忍受的地步。

　　之所以會如此，涉及諸多社會因素。過往煤氣燈操縱

發生在垂直的上下關係，可是現在在經濟問題、人際關係衝突、外部刺激，以及激烈變化的政局等環境下，生存成了一場戰爭，只有踐踏某人才能往上爬，取得成果，實現目標。人們所承受的社會壓力，以進化的煤氣燈操縱形式顯露出來。

動搖我人生的惡魔低語

有一起案件可以看出煤氣燈操縱是多麼危險的犯罪行為。A 與 B 住在附近，讀同一所小學、國中與高中。交誼深厚的兩人後來上了不同的大學，B 卻從原本的大學輟學，進入了 A 所在的大學就讀。

臨近畢業，兩人一起去江原道某所高中教學實習，有一名男學生暗戀 A 並追求 A，B 把那個男學生找來跟他說：「如果你聽我的話，等你成年，我可以幫你和 A 老師交往。」男學生欣喜若狂，問道：「我要做什麼？」B 說道：

「你只要努力讀書，考上好大學」，男學生欣然回答願意聽 B 的話，於是 B 向男學生提議：「我教學實習結束後要回學校，你不如輟學，我教你讀書，你再去考學歷鑑定上大學，如何？」

男學生告訴父母打算放棄運動，輟學跟 B 老師學習，然後去考大學，父母聽到兒子要念大學當然很高興，但另一方面父母還是勸阻他：「想向 B 老師學習，不一定要輟學。」不過在 B 帶學生的期間，男學生的成績有進步，再加上 B 承諾會教好自己的兒子，所以父母猶豫之後還是同意了。B 告訴男學生父母為了讓兒子專心讀書，不要找兒子，也不要主動聯絡兒子。儘管男學生父母不確定是不是需要做到這種地步，但基於相信兒子的選擇與老師的判斷，於是只匯了房租，什麼都不過問。不過男學生並沒有自己租房子，而是住在 B 的家裡。

但是 B 與男學生之間發生了怪事。B 把男學生當成奴隸一樣使喚，甚至以男學生不聽話為由，拿棍棒殘酷施暴。她表示，想上大學就是得這樣做。但這已經超出正常人常識範圍。

　　某一天，父母突然接獲兒子的死訊，宛如晴天霹靂。B向警方報案，聲稱男學生試圖性侵自己，在掙扎的過程中，自己不小心打翻熱水，以致於男學生燙傷倒地，不知生死。當急救隊趕到現場，男學生已經死亡。父母無法想像也無法相信說要和老師好好認真讀書上大學的兒子，就這樣成了冰冷的屍體。

　　警方著手調查，B立刻推翻自己的說法，改口說不是性侵，是男學生向自己施暴卻忽然倒地身亡。B多次改口，說出了完全不符合案發現場的證詞，隨著調查的深入，荒謬離奇的事情不斷被揭露。B的男友一直發手機訊息命令B對男學生施暴，表示如果想讓男學生考上大學，就不能只讓他讀書，必須要體罰。B的男友當時正在美國留學，是A介紹B認識的，而B和男友從未見過面。

　　隨著調查持續進行，還有更令人難以置信的事。現實中根本沒有B男友這個人，發訊息命令B毆打男學生的其實是A。讓男學生休學、寄住在B的家裡、奴役男學生，還有創造出不存在的男友、不斷毆打男學生等，全是A策劃的。

調查結果揭露 B 的家庭在她上國中時就陷入經濟困境，B 向 A 傾訴痛苦的心情，從那之後，A 就對 B 施以煤氣燈操縱，一直持續到現在。A 告訴 B：「我做這些都是為你好，你能活到現在全是因為我照顧你。你想清楚我想要的是什麼？」長期的煤氣燈操縱最終導致了一起年輕高中生的死亡命案。

很多人聽說這一類的事件，會異口同聲說：「怎麼會有這種事情？」意思是就算有人指使，怎麼能做出那種事，但如果弄清楚煤氣燈操縱，就能理解煤氣燈操縱受害者的心理。

煤氣燈操縱的另一個核心本質是，受害者往往不知道自己正在被操縱，操縱者會故意扭曲受害者的認知，讓他們感覺不到出了問題，深陷其中，不想擺脫。操縱者會刻意斷絕受害者的人際關係，「不要見那個人，那個人給的建議會讓你做錯事」，讓受害者全然地依賴自己，受害者則會努力按操縱者的意圖行動。

煤氣燈操縱的方式是，操縱者會先阻斷受害者周遭所有的資訊，灌輸受害者能依靠與信任的對象只有自己，提高受

害者的依賴度到不合常理的地步。煤氣燈操縱會帶給受害者巨大的痛苦與折磨，但更大的問題是，煤氣燈操縱有可能會發生第二次與第三次犯罪。我們之所以關注煤氣燈操縱正是因為其危險性。

那麼指使 B 施暴的 A 會因教唆殺人等罪名而受法律制裁嗎？首先，A 的教唆殺人罪名不成立。最近有判決指出，在嫌犯彼此傳遞的訊息中沒有使用「殺掉」、「殺死」等措詞，則不能以教唆殺人罪論處。

有一起案件的內容是這樣的：一對三姊妹在父親去世後，同心協力經營咖啡廳，照顧母親。母親多年以來的好友對三姊妹進行長期的煤氣燈操縱，說道：「如果你們想要生活順風順水，那就要好好教訓妨礙你們人生的媽媽，好好教育她、管教她。」最終，三姊妹的母親死於長達八小時的暴力下。主謀大女兒被判處重刑。根據搜查結果顯示，三姊妹不斷地收到母親好友的指示，案發當天也收到了「今晚不能放任她不管」的指示，雖然警方與檢方皆以教唆殺人罪名起訴母親的好友，但法庭認定訊息中並未使用直接要求殺人的措詞，是以教唆殺人不成立，最終母親好友被判處兩年零六

個月有期徒刑。

　　更駭人的是，害死母親的三姊妹卻還在維護煤氣燈操作者說：「媽媽的朋友是無辜的，是我們希望人生能更順遂才毆打母親，那個人是無罪的。」煤氣燈操縱就是如此可怕。

偽裝親切的狡猾手法

　　B 殘忍殺人的動機是她對煤氣燈操縱所產生的強烈依賴性。也許有些人還記得二〇一六年年初發生過的父母殘忍殺害年幼子女的案件吧。案件起點是某個赤腳奔出的孩子，警方進行全面調查，發現了有些孩子並未到校，從而挨家挨戶調查，許多事件被揭露，當時我加入調查每起案件的父母都矢口否認犯罪，把自己的罪行合理化。

　　在富川發生的案件是一名父親虐待子女致死後毀屍。更令人詫異的是，案發時母親在場，親眼目睹了事件卻幾個月不聲不響也不報警。案件被爆出後，我問那位母親為何不報

警，她答道：「孩子死了，要是丈夫也被抓走的話，我要跟誰一起生活呢？」

孩子死了，母親卻擔心自己而選擇不報警，身為孩子的母親，自己的孩子死了卻有那種想法本身就是不正常的，極度自私與無恥，讓人氣到想破口大罵的地步，我也是如此。但我們需要仔細觀察涉及這起案件的心理機制。那位母親生活中有過被拋棄或被疏遠的經驗，從而產生對他人的強烈依賴傾向，而她依賴的對象就是她的丈夫。

最後，煤氣燈操縱與性誘騙有關。性誘騙犯罪指的是，加害者與受害者累積了情誼與信賴，建立了好感或深厚的關係，加害者支配受害者的心理，對受害者施以性暴力。

特別是以兒童為對象的性誘騙犯罪，加害者會親切關懷孩子，假裝傾聽其煩惱，讓孩子放下戒心後進行性猥褻與性暴力。為了讓受害者甘願受自己的操縱，加害者會不擇手段，巧妙地做出無恥的行徑。

性誘騙犯罪者、煤氣燈操縱者與精神變態者利用情境犯罪的手法，有幾種特徵。首先，他們會阻斷受害者的抗拒意識，再讓受害者承諾做不願意的事，用過度友善的態度接近

受害者。當受害者拒絕時，他們會讓受害者覺得自己是無禮之人。如果受害者依舊堅決拒絕的話，他們就會單方面無視受害者的想法，並提供受害者並不想知道的資訊。這是這一類犯罪者撒謊時會顯露的心理特質。其次，他們會創造社會聲譽，反過來利用受害者普遍常見的心理，讓受害者相信他或者屈服於他的社會聲望。

　　煤氣燈操縱受害者的依賴性與家暴受害者的依賴性不同，處於家暴環境的受害者，除了直接承受加害者的傷害之外，往往還會面臨自己的家人也可能被傷害的恐懼。因此，家暴受害者的依賴性往往源自於恐懼，如「我必須留在這個人身邊」或是「要是沒了這個人，我該怎麼活下去」。

　　相反地，煤氣燈操縱受害者者的恐懼為「如果不按這個人的指示做，我有可能行差踏錯」，操縱者巧妙利用受害者的這種心理，使之更依賴自己。

　　想避免陷入煤氣燈操縱的圈套，就必須具有判斷與調節自身依賴性的力量。該如何才能意識到自己的依賴性正在加深呢？非常遺憾地，自身依賴性很難靠自己察覺，要察覺需要非常長的時間，而當當事人真的意識到的時候，通常已經

受到了重大傷害。這就是為什麼我再三強調，煤氣燈操縱受害者需要周圍人的幫助。

假如有受害者親口說出：「我正在被煤氣燈操縱，我非常依賴那個人」，那麼這位受害者已經有自覺，並某種程度上擺脫了煤氣燈操縱。

煤氣燈操縱的特徵是，受害者並不自覺自己身處何種情況，並持續受到傷害。

因此，受害者更需要周圍人的幫助，但煤氣燈操縱的最大問題是操縱者會阻止受害者與外界接觸，沒人能伸出援手。有很多時候是周圍的人察覺到當事人不自知的變化，發現煤氣燈操縱的徵兆，進而防範受害者被煤氣燈操弄。如果當事人連這種機會都沒有的話，就會深陷煤氣燈操縱的沼澤，無法脫身。

防止或擺脫煤氣燈操縱的方法，是受害者堅定拒絕操縱者的要求，讓操縱者意識到受害者沒有被自己的手法蒙騙過去。

不過，操縱者同時會仔細觀察受害者的心理變化，一旦發現受害者努力擺脫自己的控制，他們就會改變手法，不再

用過去的強迫和威逼的方式進行煤氣燈操縱，轉而試圖觸動受害者細膩情緒與感性，使受害者無法擺脫操縱。

他們如何利用情境？

利用害怕與恐懼的連環殺人

　　二〇〇七年，全羅南道寶城發生了一起令人難以置信的案件。當時七十歲的吳姓漁民先殺害了去當地旅行的一對大學生男女，一個月後又把兩名二十歲出頭的女性旅客帶到自己船上殺害。

　　前往當地旅行的男女大學生在海邊散步時，走近吳姓漁民的船，拜託他載他們，吳姓漁民欣然應允免費載他們出海，帶著他們到了自己位於海中央捕撈小章魚的海域。吳姓漁夫見色性起，把礙事的男學生推下大海，男學生想爬回船上時，他使用鉤狀捕魚工具攻擊男學生致死。之後，他試圖

性侵女學生失敗，女學生落水，他如法炮製，用相同工具殺害了她。兩名學生旅行失聯，家人報警，失蹤後兩天發現女學生屍體，兩天後又發現了男學生屍體。

一個月後又有兩名女性失蹤。兩名女性見到正在賣小章魚的吳姓漁夫，吳姓漁夫釋放善意，引誘她們上自己的船，帶到小章魚作業場域後試圖性侵，最後又殺了她們。隔天，一名女性屍體被發現，吳姓漁夫終於落網。

當時犯人七十歲。二十多歲的大學生男女為什麼對抗不了七十歲的老翁而慘死呢？這很有可能涉及心理問題。我到案發現場確認過，當時犯案使用的船很小，大約只能容一人乘坐，村民問我有沒有坐過那種船，我一說沒坐過，村民立刻向我解釋如果是第一次乘坐那種船的人，在波濤洶湧的大海上很難保持平衡，就算是成年男性也只能抓住船的欄杆保持坐姿，無法按自己的意志行動，什麼都做不了，而犯罪的漁民是大半輩子都在海上度過的人。

在無法保持重心的船上，並且是四面無援的茫茫大海上，受害者們陷入了恐懼。這份心理恐懼伴隨著物理恐懼（鉤狀捕魚工具），使得他們無法理智地判斷當下形勢，發

揮力氣抵抗。加害者是一名七十歲老翁，沒有籌謀過龐大的犯罪計畫，也沒有厲害的犯罪工具，但是在他度過一生的大海與船上，靠著熟悉的漁具就能輕易地制服受害者。受害者陷入恐懼與恐慌的心理與對自己有利的環境，被當成了犯罪工具使用。

據說，犯案幾天後屍體已經被尋獲的情況下，吳姓漁夫仍舊到市場上賣小章魚，一如往常。當問他為何殺人，他泰然自若地答道，只是想摸一下胸部，是因為受害者反抗，這才殺人，錯不在己，錯在自願上他的船的受害者。這種回答與典型的精神變態者十分相似。

精神變態者巧妙又執著的心理戰

某個雨天早晨，一位女性要去上班，走出住處大樓的大門，恰好一輛車停在大門前。車窗突然拉下，車內一名男性親切地對她說：「雨這麼大，你要去上班嗎？」女性隨口回

答：「是的。」男性隨後詢問女性怎麼去上班，女性回答要到不遠的地鐵站坐地鐵，不知不覺地向陌生男性提供了自己的資訊，男性隨即說自己也住在同一棟大樓，下著大雨，自願載女性去地鐵站。

那一刻，這名女性會作何反應呢？「住在同一棟大樓的人要送自己到地鐵站」，一聽到這個提議，這名女性從文化情境 Culture context 上解讀了男性的話。文化情境是文化心理學與文化研究中非常重要的概念。文化情境分成高情境文化 High-context culture 與低情境文化 Low-context culture 指根據不同文化表現出不同的溝通模式。高情境文化是指當事者與他人的溝通或建立人際關係時，更注重情境或背景的文化。反之，低情境文化是比起情境與背景，更注重對方提出的內容或已知資訊。

例如，如果我坐在沙發上環顧四周，我太太就會說「遙控器在餐桌上」。因為我和她一起生活了近三十年，形成了她能瞬間掌握我的心理的高情境文化。如果仔細觀察共同生活幾十年的老夫妻，就會發現高情境文化的典型特徵。老爺爺說：「那個東西在哪裡？」老奶奶就會把東西給他，神奇

的是，那真的是老爺爺想要的東西。

　　女性為了上班出了大門，按文化情境解讀了男性的好心提議。當男人說自己也住在同一棟大樓時，女性未經核實就把男人的行為解釋成善心——與我住在同一棟大樓，和我在同一個時間上班，是因為下雨而好心載我一程。

　　接下來，女性因男人的善意感到壓力。我們從小就被教導拒絕別人的善意是沒禮貌的，所以如果想要婉拒他人的好意，但卻拒絕不了時就會產生壓力。在女性猶豫時，男人抓緊機會說：「只送你到地鐵站，不會去別的地方，我保證我會在地鐵站直接放你下車。」

　　女性沒有提出要求，男性卻自行作出承諾，這時候大多數的人理性受到干擾，這名女性也相同，認為男性是個作出承諾的善心人，但女性還是拒絕上車，表示：「我自己走過去吧。」然而，男性無視女性的拒絕，斷言說：「是因為我開了老爺車，看起來像壞人嗎？雨下這麼大，我才想順道載你，讓你坐這麼破的車是有點不好，對吧？」在那一刻，女性變成了壞人，拒絕住在同一棟大樓並親切給予幫助的好人。於是女性打開車門，上了車。

　　包括姜浩順在內，許多連環殺人犯都用過類似的手法犯案。我們不能指責這位上了車的女性，是犯罪者使用了狡猾手法，女性只是被捲入犯罪手法的受害者。不是只有舉著凶器威脅人上車的犯罪才是暴力犯罪，使用這種手法的犯罪同樣是暴力犯罪，而這正是我們在現代社會所面臨的犯罪類型。

　　煤氣燈操縱的操縱者與精神變態者的共同點都是很巧妙與狡猾。實際上，有很多精神變態者是高智商份子，重要的是，他們智商雖高卻完全不具社交性，因此即使他們明知他人經歷的痛苦卻無法產生共鳴，可以看得出他們徹底缺乏同理心。

　　在某項研究實驗中，研究團隊將研究對象分成兩組，一組是普通人，一組是精神變態者與連環殺人犯，讓兩組看了血淋淋的可怕場面後，比較兩組人的大腦反應。普通人組的大腦出現了恐懼與害怕反應，由精神變態者與連環殺人犯組成的另一組，大腦沒有任何反應。該研究結果表明，精神變態者與連環殺人犯的大腦本身缺乏同理功能。

　　這也是我們容易忽略的部分。他們只是缺乏同理心，並

非不懂什麼是痛苦。他們非常清楚自己攻擊他人時，被攻擊的人有多麼痛苦。他們為了享受受害者的痛苦而犯罪，如果他們不懂得何謂痛苦，那就沒有攻擊的意義，他們只是無法理解受害者感到痛苦與恐懼的心情，他們的殘酷就體現在這一點上。儘管部分學者聲稱此類犯罪者缺乏同理心，不懂得受害者的痛苦，但我親自見過的罪犯都很清楚受害者被攻擊時感受到的痛苦。

具有精神變態傾向的人會互相認出彼此，有著競爭意識，想證明自己更加優秀。在柳永哲與鄭南奎案發生時，柳永哲就曾把鄭南奎犯下的案子謊稱自己所為，其目的便是想證明自己比鄭南奎更優秀。精神變態者會想方設法展現自己高人一等的優越感。

精神變態者的扭曲心理

那麼假如社會給予這些精神變態者溫暖關懷，能否就此

減少犯罪率？連續罪犯的共同點是，他們大多具有孤立感，不認為自己是社會的一份子，喪失了歸屬感。這就是為什麼我們的首要之務是積極制定預防對策，幫助他們擺脫這種環境或孤立感。連環殺人犯鄭南奎雖與母親及弟弟同住一個屋簷下，但從情感層面來看，他的家庭早已分崩離析。

並不是和人在一起就能擺脫孤立感，孤立感與性格障礙有關。邊緣型人格障礙 Borderline Personality Disorder，縮寫 BPD 的特徵包括長期的空虛感。連環殺人犯柳永哲患有嚴重的邊緣型人格障礙，他說自己很孤獨，即使是一具屍體躺在他身邊，陪伴他也好。因為孤獨難耐。精神變態者因為這種異常空虛或孤獨感，會認為自己斷絕與社會其他成員的往來。

不與人往來本身並不是犯罪，但是被孤立的人的犯罪機率高。因此，原先就屬於高犯罪率的精神變態者逐漸被社會孤立後，會開始表露出自己的負面情緒，即連環殺人。

連環殺人有多種類型，包括性侵連環殺人與表露自身情緒的連環殺人。儘管韓國連環殺人特性有性的方面，其本質卻是施虐型的表露自我情緒型，因此，連環殺人犯經常會出現不必要又殘酷的攻擊行為，如肢解屍體。他們的攻擊行為

比起為了壓制受害者，更貼近是為了表露自身情緒。發洩自身憤怒就是連環殺人的開端。

故意犯罪的攻擊性會比過失犯罪高，有時會以「殘殺」overkill 一詞形容，即使受害者失去了抵抗力，不用再攻擊受害者的情況下，加害者仍舊會重複三十次、四十次的攻擊行為。然而，當加害者被逮捕，進行現場重現 Scene Re-enactment 11 時問及刺了受害者幾次，他們會回答大約三、四次吧。換言之，他們壓根記不得自己動手的次數。因為這種行為對他們來說就像普通人日常下意識地喝水、打電話、看電視一樣。

精神變態者與連環殺人犯都有強烈的自我中心主義與自戀傾向，所以我認為犯罪本身是一種與社會互動的方式。普通人為了獲得成就感而做出社會認為必要的努力，他們則是把犯罪當成一種努力。他們觀察自己的罪行並不是為了確認警方的調查進度，而是為了獲得成就感，想知道「我所犯的罪行帶給人們多大的震撼」。

我與鄭南奎面談時，曾問過他如果找不到作案對象會怎

---

11 指被害者、嫌犯、證人與案件相關認識回到犯案現場重現犯案過程。

麼做，他說他會去過往的犯罪地點，閉上眼睛，回想當時殺人的時候，再次感受那一刻的快感。

我與成千上百名具有精神變態傾向的罪犯面談過，他們沒有一個人真心地對受害者或受害者家屬感到抱歉。他們會花很長的時間解釋並合理化自己犯的罪行，卻未曾表露任何歉疚。如果我問他們有沒有想起過受害者，大多數是漠不關心的轉移話題或根本不作答，其中最令我震驚的回答是——「是那個人倒楣」。

連環殺人犯的另一個特點是把錯歸咎於受害者，主張自己犯罪的原因來自受害者，比方說「誰叫那個人正好在那裡」、「誰叫他窮」、「活該他遇見我」等等。

鄭南奎說過「我想殺死每一個有錢人」，但他所言與所行相悖，他犯罪的對象大多是家境清寒的一般家庭。當我問他為什麼闖入生活艱難的老百姓家，跟他主張的不一樣時，他出人意料地說：「他們的貧困就是罪」，並辯說有錢人的住處設有保全系統，難以闖入，但窮人的房子好闖，他犯罪全怪受害者的貧寒。我記得我當時聽到那荒謬無稽的答案，氣得中斷了面談。

　　但這一類的重犯能迅速掌握對方因自己的話而動搖的微妙情緒。我走進去面談的那一刻起，我在分析犯罪者，犯罪者也在分析我。因此在與犯罪者面談時，需要使用很多影響心理的非言語策略。

　　例如面談時，特別是遇到了不喜歡直視眼睛或對話的犯罪者，我有時會坐在犯罪者身旁，有時會坐在對角線上。我也曾在犯罪者身邊放一張空椅子，因為這能令犯罪者產生不安。他們面談時會問：「還有人會來嗎？還有其他搜查人員嗎？」因此，根據面談對象的不同，我會徹底排除可能產生不確定性的因素後，再進行面談。

　　面談中，生氣中斷面談也是策略之一，目的是刻意表露出我對犯罪者說的話產生了激烈反應，進而誘使他們說出更多內容。犯罪側寫師不是靠華麗的口才與技巧說服對方的人，而是誘導犯罪者說出更多故事的人。我們有時會在面談過程中提出莫名其妙的問題，有時會換上其他犯罪側寫師，有時坐著面談到一半，對其他犯罪側寫師說「先出去一下」，徹底轉換面談氣氛。

受到文化影響的犯罪特性

犯罪雖然受個人特質影響，但也深受文化影響，因而犯罪也成為一面反映社會面貌的鏡子，過去蓄謀犯罪者會直接尋找、攻擊作案對象，而今日的犯罪者會透過煤氣燈操縱或跟蹤的方式，對受害者施加心理壓力，使受害者崩潰。他們看見自己的行為造成受害者的痛苦與煎熬，會獲得巨大的喜悅與成就感。

但當受害者對他們所施加的壓力毫不動搖時，他們就會驚慌失措。屢次受挫後，他們會在某一刻放棄。所以，避免受到他們傷害的首要方法，就是無論犯罪者施加任何壓力都不要有反應。當然這不容易，因為即使受害者鼓起勇氣，明確表示：「請你不要再這樣！」犯罪者也會將其視為一種反應，當受害者再也無法忍受那種反覆出現的情況說出：「請停止」之類的話，加害者也不會理解為這是強烈反彈或拒絕，而會認為受害者終於對他的行為作出了反應。以自我為中心的他們，曲解了受害者的態度與行動。

　　假如你覺得自己比以前更容易犯錯而感到內疚，並時常問周圍的人「我這樣做是對的嗎？」那麼你就該懷疑自己現在是不是正被人支配與控制。相對地，如果你會看著周圍某個人說「那個人最近個性變了，好像變得很畏畏縮縮。」那麼你就應該積極介入或伸出援手。在韓國社會，因為人們仍舊缺少這種認知與關懷，就算有人訴苦說被跟蹤或騷擾，人們也會認為「看來人家喜歡你才跟著你吧」而忽視掉，但訴苦的人明明正飽受困擾。

　　今日的犯罪不會直接造成肉體痛苦，而是進化成精神與情感痛苦，因此周遭人的關心至關重要。現在依舊有很多人會說「我泥菩薩過江，自身難保，哪有時間照顧別人」，但我們生活的社會並不是一個人過得好就可以了，我們每個人都必須和社會成員與周圍的人一起生活，沒有人能獨自生活。可是，隨著人們自我中心主義加深，對他人默不關心，更專注在自己想做的、自己想要的事物上，缺乏對他人的關懷。這些變化也是犯罪離我們生活越來越近的原因之一。

　　隨著社會的進步，造成精神傷害的犯罪會多於物理傷害犯罪。最具代表性的例子就是數位犯罪。數位犯罪意指在沒

有獲得同意的情況下，拍攝某人的身體，並傳播、儲存或展示的行為，包括所有在網路上侵犯他人的性自主權與人格權的行為。數位犯罪是「極度進化的殺人」，是精神變態者為所欲為，並且藉此斂財的既巧妙又惡劣的犯罪。

更重要的是，數位犯罪者年齡層落在二十多歲。柳永哲、姜浩順、鄭南奎等連環殺人犯在三十多歲到四十多歲就犯下首椿罪行，但現在的犯罪者在二十多歲時就已經犯下數位犯罪等罪行，引發社會巨大問題。對於這一類的犯罪，嚴懲固然重要，但我個人認為應改變量刑標準。量刑標準指的是，為防止法官的武斷導致刑量差距過大，而根據犯罪類型制定了應遵守的法定刑度範圍。當然，想改變量刑標準必須充分結合社會觀點，與法界專業人士進行討論。

一九六〇年代到一九八〇年代還會發生非故意殺人，當然現在也會發生，但現今的犯罪令人心生困惑。現今我們是否有辦法斷定那些僅僅只犯一次罪的犯罪者是非故意犯罪呢？尤其是數位犯罪的受害者很可能要承受終生難以抹滅的傷痛。因為他們被拍攝的影片會被複製，無止盡地再生，最後有可能因為羞愧而走上絕路。但是，不了解這類犯罪之危

害的人很容易反過來檢討受害者。數位犯罪會奪去一個人的全部人生，將其推入永生不得脫身的泥沼，是種殘酷的犯罪。我們都必須要認知到，犯下這種可怕罪行的年齡有逐漸下降的趨勢，而這是非常嚴重的社會問題。

數位犯罪手法的進化

數位犯罪是韓國社會近來面臨的一種犯罪，像是「Pornhub」。Pornhub 是全球最大的色情網站，「Pornhub」的意思就是「全球色情中心」。韓國廣播通信審議委員會於二〇一九年徹底封鎖了該網站的所有資訊，但仍然有很多方式能連上該網站。

Pornhub 犯罪者的手法如下。首先他們會告訴受害者，Telegram 等社群網站上正在流傳受害者的照片或影片，詢問受害者的個資、身體資訊與照片等。慌張的受害者一下子就供出自己的資訊。當受害者腦海一片混亂，擔心是不是有人

用「深偽技術」^{deepfake}合成自己的臉的影片時，會很感激聯絡自己，告訴自己這個消息的人，覺得應該報答對方。犯罪者看準了這種心理，要求受害者提供各種資訊，受害者毫不起疑就提供個資，掌握了受害者資訊的犯罪者再反過來利用那些資訊，威脅受害者說要告訴其父母、朋友與熟人。於是受害者會乞求犯罪者，說自己願意做任何事，請犯罪者不要那麼做，犯罪者就會對受害者進行性剝削或勒索錢財等犯罪行為。

　　倘若你知道有人正在犯下這種罪行，或是你或你周遭的人正受到這種罪行的傷害，我希望你能毫不猶豫地聯絡數位犯罪受害者支援中心，那裡提供二十四小時的諮詢與檢舉。數位犯罪與電信詐騙都是受害者不假思索地提供了個資才發生的，因此有許多受害者會自責。犯罪者就是抓準這點，他們知道受害者即使受傷也會猶豫要不要檢舉或三緘其口，這是徹底摧毀受害者人生與靈魂的狡猾犯罪。因此，請不要猶豫，立刻報警。為了打擊更嚴重的犯罪，你必須爭分奪秒，立刻採取行動，鏟除剝削物。更重要的是對子女的犯罪預防教育，能避免他們接觸到這種犯罪。

　　可是也有人說，當自己意識到正受到性剝削犯罪時，雖然明知要報警，但卻因羞恥心與恐懼而卻步。因此，最重要的是我們必須徹底改變受害者的觀念，我們很容易對受害者說：「沒關係，錯不在你。」可是當事人承受的痛苦絕對不是輕描淡寫的「那沒什麼，幹嘛這樣，又不是你的錯」能抹去。那些受害者正在遭受的痛苦遠大於我們所想像。

　　這也是為何對這種惡劣又殘酷的性犯罪，理應嚴懲不貸，強力執行。另外，我認為允許假釋的無期徒刑毫無意義。按韓國法律規定，無期徒刑犯受刑二十年後得許假釋出獄。只要當二十年的模範囚犯就能符合申請假釋資格，獲得重返社會犯罪的機會。假釋的標準本身模糊兩可，很多時候不禁令人懷疑是否有專家參與了假釋制度與審查討論。

深入日常的數位犯罪

　　從某種程度上來說，犯罪者的攻擊方式從物理轉為精神

虐待，這是更危險的。因為物理攻擊在一定程度上是可預防的。舉例來說，我們能加強門鎖或設置保全系統等，防止強盜侵入家中，減少有可能受害的因素。但數位犯罪無法預防。因為現今的網路犯罪透過社群網站等，透過網路參與，變成了一種社會參與。如果我們毫無防備地上網，會難以應對與預防他人攻擊我或跟蹤我等的犯罪行為，所以很多時候發生了，也只能束手無策地遭受攻擊。

　　儘管犯罪在不斷演變，但很多人認為現行法律與量行標準仍一成不變，我也持相同看法。但實際上，過去幾年修改的法律遠勝過去二十至三十年，法律發生了巨大的變化是不爭的事實。儘管如此，許多人之所以沒感受到那種變化，是因為社會變化的速度遠遠領先法律。「趙斗淳法」[12] 促進了性暴力法的加強，這可以算是一種快速變化，但法律總是存在限制，要提前立法以應對某種犯罪並不容易。

　　修法固然重要，但改變量刑標準的方案是不是更迫在眉睫呢？根據社會演變，修改古老的減刑和部分減刑原因可以

---

12 二〇〇八年趙斗淳犯下強姦八歲女童案，二〇二〇年趙斗淳刑滿出獄，引起社會恐慌，促使韓國於同年通過《兒童與青少年性保護法》修正草案，俗稱「趙斗淳法」。

是一種迅速應對的方式。此外，我們也應改變犯罪的認知，不該抱有得過且過的想法。雖然我們有必要嚴懲特定犯罪，但在此之前，需要先改變社會認知。舉例來說，人們很多時候會把給予某人建議與譴責混為一談，但建議和譴責是天壤之別。譴責是對錯誤的指責或給出忠告，但做出虛假譴責是一種犯罪，不能把這種譴責與享有言論自由混淆或誤解。

為此，我們必須從小就進行社會教育，對犯罪的認知也需隨社會的演變而變。像是幾年前，搶劫、扒手與盜竊等的犯罪率直線下降，原因之一是現在大家出門很少帶現金，然而，性犯罪率卻呈直線上升趨勢。韓國社會性犯罪突然增加的原因之一，是過去不被分類為性犯罪的行為，經過重新定義後，被歸類為性犯罪。比方說，過去有人偷拍女性身體不會被視為犯罪，如今無需多說，理應受法律懲罰。隨著性犯罪的錯誤認知被矯正，社會重新定義了性犯罪，因此性犯罪率也隨之增加。

現今，有些人看到網路上發生的問題會若無其事地說「反應太大了吧？」或說「不看不就好了。該看的都看完了，幹嘛老是把它定義成犯罪？」但是，一塊石頭砸向毫無

防備的人，會讓某些人終其一生活在無法抹滅的打擊、恐懼與痛苦中。如果我們觀察數位性犯罪率，會發現大部分善良的民眾對那類的影片和照片不感興趣，但不可否認的是，在某個角落，有人正在成為數位犯罪的受害者，而且這種傷害正蔓延到兒童族群。因此，我們不該掉以輕心，認為數位犯罪是別人的事，應制定共同目標，強力阻止數位犯罪。

此外，參與數位犯罪的人本就有責任承擔，不是嗎？要改變對數位犯罪的認知，站在受害者立場上思考是首要的，如果人們只抱著「那種事應該由當事者自己克服」的想法，這種認知不可避免地會成為社會討論犯罪的障礙。數位犯罪、非法攝影本身就是犯罪，但只要有人認為「我用自己的相機拍東西，幹嘛老是說三道四」，就很難改變社會對犯罪的認知。

公民討論有應遵守的基本界線——保障言論自由、堅決反對性犯罪、對我所享有的自由負責。問題是，這種界線過去並不存在。在還沒有明確定義之前，數位犯罪先出現了，導致韓國變成了對數位犯罪寬大為懷的社會。這就是為何我認為，與其一股腦將所有的數位犯罪定義為犯罪，人們應該

先建立足夠成熟的認知，在能容許的範圍內與沒有法律規定的情況下，由社會慣俗與文化先行阻止犯罪。

　　法律的存在不僅僅是為了恢復秩序，一個社會所擁有的權力大多來自文化與慣俗。有些事縱使沒有明確的法律定義，我們也知道是不可為的；有些行為明知不是犯罪，我們卻也曉得是朋友之間不可為的，這是一種相互保護規則。過去，這些規則是人們面對面互動過程中所扎根的，而今在相互保護的新規則形成之前，很多事都已經在網路上進行，並發生了與犯罪無異的行為。人們覺得「這和我有什麼關係？」甚至壓根沒意識到那有可能是犯罪。法律應根據社會現象而隨時改動，即使無法跟上社會變化的腳步，但在成熟的社會中，法律能透過慣俗與認知的變化得到完善。

　　數位犯罪出現了與隨機殺人一樣的特質──每個人都有可能成為下一個受害者。即使不是特定的人，而是人人都有可能成為受害者。我們的個資經常曝光在社群網站上：我們和誰見面，去什麼地方，吃什麼東西，買什麼東西，做什麼休閒活動，和什麼樣的朋友在一起等。數位犯罪正在滋長，有人正在利用這些資訊扭曲事實，甚至合成臉部假照片，造

成其他傷害。更嚴重的是，即使後來被查明為犯罪，但受害者會永遠活在陰影下，傷口永遠無法癒合。試想，受害者有可能是我的弟弟，我的孩子，我的侄子或我的朋友。隨著我們認知的改變，可能改變某人的人生。

抓住數位犯罪者吧！

大多數連環殺人犯落網時會說「我是冤枉的」，但他真正的含意是「我可以繼續犯罪卻被阻止了，真是太冤了。」這也是一種自信的表現，他覺得要不是失誤被抓，不然可以殺更多人。

在我還是個新手犯罪側寫師時，我透過與犯罪者的面談，了解到他們有不斷重複描述自己犯罪行為的傾向。在牢獄生活中，他們不會對自己犯下的罪感到愧疚與反省，而是分析與研究自己的犯罪過程中犯下哪些失誤、為什麼會犯下那種失誤、自己為什麼會被補、警方是如何逮捕到自己的

等。一言以蔽之，他們盤算著進化犯罪。

柳永哲效法鄭斗英[13] 的連環犯罪過程中，考慮到鄭斗英留下足跡而被捕犯下的過失，柳永哲被捕的時候坦承，他為了不重蹈鄭斗英的覆轍，刻意撕下了鞋底。連環殺人犯的共同思維是，只要不犯錯，絕對能無止盡地殺人。

大部分犯下新型數位犯罪的人都有精神變態或反社會人格傾向。不久前，一名製造並保存大量兒童性剝削物的犯人落網，他就展現出高度精神變態傾向。這類犯罪者巧妙地遊走於犯罪邊緣，在合法與非法的界線上創造模糊地帶，進行犯罪。用犯罪側寫師的話來說就是「得寸進尺法」Foot in the door。

得寸進尺法意指先向對方提出微不足道的要求，使對方無法拒絕，再進一步要求自己真正想要的，循序漸進提高對方的接納度。心懷歹意的犯罪者一腳踏入了對方開啟的門縫，讓對方無法關門，再利用這種心理，像進行自然的社交活動一樣，一步步地讓主導權落到自己手上，從而支配對

---

13 強盜殺人犯、連環殺人犯。一九八六年至二〇〇〇年之間共殺害十人。柳永哲曾稱鄭斗英是自己的榜樣，效法鄭斗英使用鈍器殺人。

方。這種手法是數位性剝削犯罪的共同特徵。

　　他們用這種手段禁錮受害者，讓許多人加入自己創的網站成為共犯，並利用這種手法牟利。像這樣，犯罪者進行各種犯罪活動，進化成更高明的犯罪獲得了控制社會的扭曲優越感與自我滿足感。

　　性犯罪率隨著社會認知與定義的改變而增加，那麼虐待動物和虐童的現象是否也同樣正在增長？我們需要從更根本的角度去思考此一問題，有必要觀察審視犯罪者是為了觀察人們的反應，或為了表露自己的情緒才虐待兒童或動物的。然而，時至今日，這一部分的特徵變得模糊。過去這類的犯罪者僅分成兩種，一是為了追求自我滿足，一是為了表露自身情緒才進行虐待行為，現今則多了一種類型，那就是藉由網路曝光自己的行為造成社會大眾的衝擊與恐懼，從而增加自我滿足感。

　　對於這一類的犯罪者來說，人們的反應很重要。不管是正面或負面反應都好，因為有「反應」本身就能助長他們「我幹了一樁大事」的扭曲自我效能感 Self-efficacy。自我效能感是「我能辦到什麼事」的自信，不同於自尊。對犯罪者來

說，「很多人因為我的某種行為而躁動」的反應最重要。儘管不能把所有的數位相關犯罪者一概而論，但綜觀全局，出現了前所未見的新類型犯罪者，這是無庸置疑的。

如果人們對他們的行為漠不關心或無反應，他們是否會就此罷手？令人遺憾的是，越是前所未見的新類型犯罪，我們就越難預測其模式，更別說要精準定義它。我個人認為暫從現有的犯罪案例觀察，人們的反應不過是有無增加他們的自我滿足感，無反應並不能遏止犯罪。

煤氣燈操縱或社群網站上的集體犯罪等，如果對方不做出反應，犯罪者也會改變目標對象，但數位性剝削犯罪的犯罪者追求自我滿足感的方向，與以前不同，他們不滿足於攻擊或折磨特定對象，而是透過變本加厲的犯罪行為，感覺自己手握支配社會的強大控制力，獲得更多的自我滿足感。數位性剝削犯罪能無限擴大規模，從這點來看，它比前述犯罪更嚴重。

隨著數位犯罪種類與日益惡化，網路調查也在短期內產生了重大的改變與進步，法律也與時俱進。經過二十二年的努力，《跟蹤騷擾處罰法》等相關法律於二〇二一年十月二

十一日正式實施，是關於跟蹤騷擾犯罪的懲罰與相關程序之特例，以及對跟蹤騷擾犯罪受害者的新保護程序的新法規。不僅如此，韓國也於二〇二一年九月二十四日實施《兒童與青少年性保護法》，警方可不公開身分或進行臥底調查，調查以兒童與青少年為對象的數位犯罪。

　　臥底調查在不同犯罪類型中發揮不同的作用，其概念不同於釣魚偵查 ^Entrapment^。釣魚偵查指，即使無法確認犯罪者是否有犯罪意圖，也要放線誘其犯罪；臥底調查則是警方直接喬裝前往犯罪現場蒐證的方式。先前，韓國唯一能合法進行臥底調查的是毒品犯罪，如今新增了數位犯罪。因為調查人員需要掌握犯罪現場文化與機制的正確線索，才能追蹤、調查與防治犯罪，尤其是兒童性剝削犯罪。我們有責任滴水不漏地保障兒童安全，臥底調查是重要也是絕對必要的調查方式。

| 第四講 |

大數據、AI與犯罪側寫的未來

混亂的時代,犯罪應對之策也需要改變

混亂時代所引發的不安與恐懼，

演變成無力感與挫折感，

然後就會產生攻擊性，

而管束內心犯罪，

是令社會犯罪最小化的溫床。

保護你我的安全措施

高科技的整合與綜效

　　在這一講中，我要聊大數據、人工智慧（AI）與犯罪側寫。我當然不是大數據與人工智慧方面的專家，不過它們的重要性隨著時代的演變，與日俱增。

　　我二〇一七年退休，在退休前我勞碌奔波於犯罪現場，即便韓國全國各地的地方警察廳都有犯罪側寫師，可是一發生案件就會指名我去。那當然是我的分內事，我的職責所在，責無旁貸，不過我逐漸感到疲憊。有一次我問，「每個地方警察廳都有優秀的犯罪側寫師，為什麼總是派我去？」某位指揮官答道：「你去的話快多了。」因為這短短的一句

話，我半開玩笑地回問我是不是正受到煤氣燈操縱？

　　他說的「快」並不是說我的能力出眾。若要坦白我的能力背後的一個秘密，我會說我是個愛「湊熱鬧」的人。

　　分析案件需要多方面的幫助，長期從事科學調查隊與犯罪側寫工作的我，非常清楚哪個部門機構負責哪個領域，誰又是該領域的專家。這多虧於我不斷地探究與犯罪側寫相關的各種領域，包括心理學與社會學等。我會去參加基因 DNA 學會、分析血痕型態的學會與研討會，甚至被問過犯罪側寫師為什麼要去基因學會。我去是因為我認為不管是誰，如果只潛心埋首於自己的專業領域，就只有等著被淘汰的一天。

　　現在是如此，將來更是如此。當一個人做自己的工作時，卻不考慮與自身相關的領域合作，並積極推進，終成見聞狹隘的井底之蛙，能挑戰的事會越來越少。

　　因此，我參加了屍檢研討會、進行屍檢的法醫學研討會、鑑識科學 Forensic science 14 研討會、影像分析研討會等，在過程中，我了解到每個專業領域正在進行什麼樣的研究，各

---

14 又稱司法鑑定學，指利用科學手段處理、解決與司法體系利益相關問題的科學。

專業領域的最傑出專家是誰等。我擁有了豐富的經驗與資訊，將其應用到處理案件上，根據各案件所需，我能迅速地連絡到能給予幫助的專家。

譬如，我會請屍檢經驗老道的驗屍官，或能敏銳分析血痕型態的專家合作，一塊分析案件，調查速度當然快如風馳電掣，優先派我前往犯罪現場也是因為如此，並不是因為我是個出類拔萃的犯罪側寫師。

無論是經驗豐富的資深刑警，或科學調查隊隊員，或任何一位犯罪側寫師，僅憑一人之力破案是痴人說夢。在伸手不見五指的迷霧中找出破案線索，推測調查方向，只有靠各領域的專家戮力同心才能做到。

我退休後進行了無數與犯罪側寫相關的講座，來聽講的人不只是與此領域相關的人。聽眾來自各行各業、各職位階層，從學生、媽媽們、從事動畫、網漫與遊戲從業人員。這意味著我們需要彼此專業性的時代已然到來。社會各領域相互整合時所產生的綜效，將創出超乎想像的成果。

我並非大數據和人工智慧領域的專家，卻想聊一下這方面，也是因為藉由這些領域的整合，我們能創造出新的防治

與應對方法，以期保護社會上的每一個人。

AI 與犯罪側寫師的對決

大數據已經融入我們的日常生活，但因為大數據大多從普通人身上蒐集而來，是以僅憑大數據並無法徹底杜絕所有犯罪。

異常的犯罪份子，以及每起案情情況各異，種類繁多，關於犯罪相關數據是零星的。我們當然能分門別類，但這絕非易事，因此亟需透過與大數據專家的整合，找出如何接近犯罪者的資料，並分類與數據化的方法。

去年，某家電視台企劃了一個節目，主題是人工智慧與人類的對決，我受邀參加。節目中隨機選出五名普通民眾執行炸彈包裹任務，人類與人工智慧對決，看誰先找出犯人。在那五名普通民眾中，有在當兵時曾作戰過的人。

被選中的五名普通民眾接收到把裝有炸彈的包裹送到機

場的指示，但五人中，只有一人拿到了真正的炸彈包裹，其他都是假包裹。挑戰者各自帶上包裹，開車前往機場。在前往機場的路上會經過數道盤查，那唯一的犯人被盤查時勢必會緊張，屆時，事先安裝在車上的人工智慧會開始分析犯人的面部表情。

製作組給了我另一個任務，那就是我輪流搭乘那五個人的車去機場，到達機場後的五分鐘內要靠心理側寫找出犯人。坦白說，我一開始接到製作組出演邀約時十分煩惱。我之所以煩惱，是因為我能找出犯人最好，如果找不出來，身為資深犯罪側寫師的我會很難為情；還有，我在想，要是人工智慧找到了我沒找出的犯人，我是否只能接受苦澀的結果——在人類與人工智慧的對決中，人類是輸家。

最終對決是平手收場。人工智慧靠讀面部表情找出了犯人，我也透過心理側寫找出了犯人。我坐在駕駛人身旁很難分析犯人的面部表情。可是我在五分鐘的對話裡提出幾個問題，分析犯人的回答，找出了犯人。然而，人工智慧僅透過表情就感知危險，找出犯人，這著實令我感到驚訝。人工智慧技術竟然神速發展到如此地步，真是難以置信。

　　人工智慧的利用仍有一定的侷限，無庸置疑，即使人工智慧指定了特定人物為犯人，但後續調查依舊需要人類介入，而且人工智慧指出犯人也不代表調查結束，還是需要人類調查各種情況，找出線索與證據。

　　儘管如此，人工智慧的發展日新月異已是不可否認的事實，我們應將這些高科技技術應用於日常，發揮優勢，特別是防治犯罪方面。

當不安侵蝕靈魂時

　　今日，我們所處的不安社會，不會僅止於不安，而是會發展成憂鬱或其他負面情緒，進一步演變成對他人或自己的攻擊性。在各種情緒中，哪種情緒是最負面的？

　　許多人認為典型的負面情緒是不安與恐懼，學者們的研究結果也指出，人類最不願意接受，並盡可能不想感受到的情緒之一是對不確定的恐懼。我現在過得好嗎？我這麼努力

工作一定能成功嗎？對這種不確定的恐懼使我們疲乏無力。

　　我在五十多歲決定退休時也有很多恐懼，我希望退休後過和以前不一樣的生活，想在學校講課、寫作、鍛鍊身體、享受閒暇愛好找回健康的身體、多和家人相處。「但我這年紀正是要更努力工作的職涯黃金期，太早退休的話要怎麼交孩子們的學費和他們的結婚資金呢？」這些煩惱始終圍繞著我。

　　經過長時間的思考，我把恐懼拋在腦後退休了。退休後，我在家的時間比以前多，但和家人坐在餐桌前吃飯時，我找不到聊天話題，也想不出有什麼好說的，如果問孩子們「你今天在學校做了什麼？」只會得到「上課」這樣簡單的回答。因為過去我和他們缺乏相處的時間，所以我們不可能有共同的回憶，當然不可能進行深度對話。在那一刻，恐懼再次襲來，我不知該如何克服那種情況。

　　我一步步創造能與家人分享的事，比方說「今天要不要去逛附近的市場，買點辣炒年糕吃？」「今天下雨，要不要帶我去你喜歡的網美咖啡廳喝咖啡？」在創造這種瑣碎的小插曲過程中，一個月、兩個月過去，我逐漸累積了能與家

人分享的事，產生了共同話題，「你上次去的辣炒年糕店和昨天去的辣炒年糕店，哪家好吃？」「上次去的麵包店很好吃，明天再一起去吧？」也有了能一起做的事。我現在反而擔心會不會被家人嫌棄話太多。

　　克服某事不需要多大的契機。它是瞬間的，鏘！就能改變。日常不斷積累的小變化能讓我們慢慢地擺脫恐懼與不安。

錯失恐懼症，對被疏遠的不安與恐懼

　　錯失恐懼症 Fear of missing out，縮稱 FOMO 是現今韓國社會普遍存在的現象，意指擔心只有自己落後，對被排除在外的不安與恐懼。錯失恐懼症超越了個人心理問題，正擴散成因社會孤立而感到的不安。無法參與社會關係網的焦慮，或是不是只有自己錯失好機會的不安，在社會生根，有錯失恐懼症的人日益增加。

　　現在的年輕一代經歷了正常的過程就業，建立家庭，儲蓄，置產，退休……但他們認為這種過去能實現的生活模式已經崩潰了，認為自己不可能過這種生活，認為機會已經被剝奪，出人頭地的機會階梯斷裂。對他們來說，青春應擁抱的浪漫化為烏有，現在他們正承受著挫折與不安帶來的巨大心理折磨。

　　我深感惋惜，經常思考自己能否為他們做些什麼。我也擔心隨機殺人與無動機犯罪的增加，可能會加劇他們與社會斷絕關係的挫折感與無力感。然而，儘管如此，我們依舊要互相安慰與保護，活在當下。

　　經濟失衡與社會分化帶來的相對剝奪感或社會排斥感，隨著股票、虛擬貨幣等不穩定的社會現象，轉變為無法克服的無力感。人們想著是不是只有我在原地踏步？大家都共享的資訊，是不是只有我錯過了？是不是只有我被排除在外了？這些不安感促生了恐懼與畏怯，逐漸加劇後成了無力感，而這種無力感最終招致憤怒。

　　正因如此，很多現代人心中都充滿了莫名的憤怒，縱使事情與我沒有直接關係，仍舊感到憤怒。看到政客相互砲轟

的模樣很氣，看到藝人華麗的生活很氣，看到網紅照片也很氣。

當我們尋找怒火的根源時，會發現它通常來自自身的不安與恐懼，而不是來自外界或他人。當然，很多時候個人的不安與恐懼是社會環境形成的，但若能透過尋找憤怒原因的過程，克服恐懼，就能成為守護自己的力量。倘若無法克服恐懼，並屈服於它，恐懼終有一日會變成名為「憤怒」的可怕武器，以攻擊某人的形式爆發。

錯失恐懼症始於行銷策略，通常看過電視購物的人都知道，很容易聽到「即將售罄」、「數量有限」等，聽到這些話的瞬間，我們擔心大家都買了，只剩我沒買，產生「明明不需要，但必須快點買下來」的心理。同理，現代人身處大數據時代，會擔心是不是只有自己沒接收到的資訊？我是不是也該學習大數據？聽說以後人工智慧會讓越來越多工作邁向自動化，我的職業會被取代嗎？我是不是要去了解一下人工智慧創造的新職業？在這些煩惱之中，大家變得缺乏安全感。如上所述，我曾經歷了退休的人生轉折點，如今已經克服了那份恐懼。

假使你專注於自己的專業領域，並同時了解其他專業領域的大致概念，如大數據、人工智慧等，就能知道如何將其與自己的專業領域相結合。但假如不去嘗試，只顧著自嘲「我做不到」或「我沒那種能力」，無異於把自己關在深井裡，逐漸與社會脫節。

人們為什麼會被假新聞迷惑

近來，年輕人透過 YouTube 接觸、感受並學習許多事物。當我變成唯一一個不知道 YouTube 上熱門話題的人時，我會感到被排除在外。所以我們會不斷看 YouTube，接收與分享資訊。

問題是虛假新聞和虛假資訊變得氾濫。這是韓國與全球多國共同面臨的問題。不可否認地，很多 YouTube 內容很有用也很有趣，對人們的情緒能發揮正面影響，提供各種資訊與專業知識，大有益處。我們只需舒服地坐著或躺下，隨時

隨地都能共享資訊。問題在於上面有許多未曾驗證或確認的資訊。隨著我們吸收演算法推薦的資訊，我們逐漸養成確認偏誤思維，不僅如此，以假亂真的深偽技術可以製作換臉影片，讓他人用我的臉傳播與我的觀點無關的資訊與意見。

觀看這種影片的人，是不是會先驗證與核實該資訊是影片中的人所說的再吸收？大部分的人不會這麼做。這就是為什麼像不實新聞這樣，未曾得到驗證的資訊是非常危險的。我們之所以邊說「這太離譜了」卻邊被假新聞迷惑，是因為大腦已經接納了這些資訊。只要接觸到一些自己不熟悉的資訊，感到很新奇，大腦就會體驗到多巴胺激發的快感。我們跳過驗證事實的步驟，把這種刺激大腦興奮的假新聞就會被當成只有自己知道的特別資訊。

譬如，公眾人物比普通人更需要謹言慎行，公眾人物酒駕受到批評是理所應當的，但如果我們在該事實中添加一些未經證實過的資訊，會變得怎樣？我們的大腦在未經驗證的情況下，會犯下連不實資訊一起接納的錯誤。

更嚴重的是，即使日後被查證為不實資訊，我們也會對自己最初接受的資訊深信不疑。這就是為什麼不實資訊很可

怕。這是一種逆火效應 Backfire effect。因為當人們遇到與自身
信念牴觸的觀點，會深信自己所認定的是正確的。當自信被
完全否定時，我們發現我所知的特別資訊都是不實資訊時，
我們會啟動一種迴避自身情緒的心理防禦機制。

在混亂的時代個人與社會應該如何分工合作

被逼得犯罪的孩子們

　　韓國社會不斷要求孩子們達到社會要求的目標，那些目標大多是「認真讀書，躋身好職場，結成好姻緣，過著成功的生活」。如字面意義，實現那些是實現「社會目標」，而非個人目標。儘管如此，我們仍不斷要求孩子符合社會期待。

　　可是我們的孩子已經活在一個個性化的時代，越來越有自己的個性，因此與其一味要求他們實現社會目標，不如教導他們如何打造圓融的社會紐帶關係，並積極討論個人能發揮之作用。

　　現在能發揮與利用個人特性的機會較過去多，但韓國社會仍舊對孩子們提出千篇一律的舊時代要求，好比「別做那些沒用的！你是要靠什麼吃飯？爸爸媽媽有經驗，所以很清楚，比起做你想做的，按社會期待的做才能過上最穩定又最舒服的生活」。

　　但是孩子們已經變了，他們接收到老一輩沒接觸過的無數資訊，已經有了自己的個性。美國某所學校甚至把具有相同特質的孩子分在一塊，量身打造更適合孩子特質的課程。雖然這種作法仍處於實驗階段，但那是一種把教養重點放在如何因材施教的教育體系。

　　這些變化意味著能發揮個性化與個人專長的時代到來了。老一輩與這種新變化是否能無縫接軌、完美融合，尚屬未知數。因為改變是循序漸進的，巨大的歷史潮流不可能一蹴而就。但我們也很清楚，過去五十年人類歷史的變化遠大於也遠快於過去五千年。我們應克服對未來的恐懼，不應將孩子束縛在符合社會期待的框架內，比起恐懼，要思考更多替代方案。

　　若不如此，難保新自由主義的發展與全球蕭條不會重

演。當時政府說「不需要改變，政府會處理」而促成了新自由主義。新自由主義確實透過「看不見的手」推動了經濟發展，然而，如果我們回顧該時代轉變為行動經濟學的十到十五年前，我們無法否認繁花似錦的經濟發展背後存在的連環殺人案，以及無數的國家爭端與戰爭。

大約在一九七〇年代至一九八〇年代，惡名昭彰的連環殺人犯開始在美國現蹤，甚至被拍成電影。那是新自由主義讓人們品嚐到經濟發展的甜頭的時期，但另一方面，人們也不得不付出代價。想實現某種目標，付出一定的犧牲與代價是理所當然的，但我們必須明確知道問題所在。

在瞬息萬變的社會中，被迫單方面實現社會目標的孩子們，他們的不安與恐懼必然擴大。在挫折與痛苦中變得無力的他們與社會之間築起了高牆，有時會藉由犯罪宣洩內心的憤怒與欲望。青少年犯罪率劇增也與此相關。應該很多人都記得吧，不久前，有一群青少年對一名老奶奶施暴，命令老奶奶去幫忙買菸，還笑著拍下影片並傳上網。那群青少年被捕的時候毫無悔意地說「反正我是未成年人，未成年犯罪不會被罰多重」，這就是韓國社會正在發生的事。

　　很多人聽聞此一事件義憤填膺，要求處罰孩子，但卻沒有適用的法律。顧名思義，「觸法少年」制度適用於「觸犯法律」的少年，觸法並非犯罪。韓國的法律追不上時代的變化，法律應依循快速改變的時代，合理制定與施行。此外，我個人認為重要的不是將犯罪者與社會隔絕，而是他們回歸社會後，如何融入社會，成為社會的一份子。

　　最近，有一名有十四次前科的前科犯不斷地出入獄後，最終再次殺人。他需要的不僅是隔離社會，還需要加強心理教化。替性犯罪者佩戴電子腳鐐，雖能發揮預防再犯卻非根本解決之道，而人們對電子腳鐐的效用能持續多久往往抱持懷疑。因為電子腳鐐佩戴時間依法規定，期滿就會被解除。

自尊與自我意象的確立

　　從觀察可知，社會期待高與自尊有關。自尊，顧名思義就是尊重自己的心，是一種自己維持品味，自己的能力與價

值不由外部決定，而由自己評價的態度。有很多人對自己評價良好，但出乎意料的是，對自己持負面評價的人也不在少數。

自尊心的高低取決於社會上發生的事，也就是外部刺激會影響自我的想法、情感與行動。但是我所感受到的「真實我」actual self，未必與「應該我」ought self 一致，當真實我無法與應該我達成一致時，就會引起不安，從而成為實現目標的動機。大多數人都是因為這種不安感而努力工作以實現目標。

不過也有人感到不安就止步不前，不會試圖減輕不安，而是戴上面具，假裝自己實現了應該我。簡言之，他們把應該我包裝成真實我，比方說，偽造學歷、謊稱自己住豪宅。有些孩子的父母日以繼夜工作，家境貧寒，他們卻戴上偽富的應該我面具，表示「不管我做什麼，我爸媽都會花錢請律師善後」。

因此高自尊或低自尊並不能成為論斷好壞的標準。自尊因人而異，也因時而異，有時自尊高，有時自尊低。我們透過社會了解自己，常見的例子就是我們藉由比較考試分數高

低，評斷自己的學習能力。反射性評價是透過觀察自己給他人的評價的同時，了解自己的才華與性格。在父母與其他家長交談時，孩子會了解到自己有什麼樣的才華與傾向。

人們通常會透過與他人比較來評價自己、維持自尊，也有些人愛與優於自己的人比，或與不及自己的人比。這種傾向過於強烈的人會不惜貶低、踐踏他人以提高自尊。這些人經常表現出自我中心，愛自詡自己的性格特質，並強調成功的重要性，抬高控制感的重要性，且會使用各式各樣的認知策略，努力給自己正向評價。

這種傾向與「強迫」心理機制相關。強迫症屬人格障礙之一，核心因素為不安。當大部分的人認為「那個人有強迫症」時，我們應該理解成那個人的內心存在嚴重不安因素。如果愛狂洗手，或堅持把物品排列整齊，當事情稍微脫離自己創造的框架就會感到不安，那就是強迫症。

強迫傾向會如何體現於社會生活中呢？有強迫傾向的人，面對級別或地位高於自己的人必事事親力親為，其瘋狂程度足以讓人覺得「有必要做到那種地步嗎？」即使假日要他們做事，他們也會二話不說地去做。不過，他們對級別或

地位低於自己的人相當無情，會毫不猶豫地使用情緒暴力。強迫傾向強的人之所以會那樣，是因為他們擔心某一刻得不到他人認可，就會失去了自己的位置。因此，要是我們能理解有強迫傾向的人的可憐之處，一起生活的時候才能放鬆。我並不是要大家遇到那種人的時候合理化他們的言行，認為「是啊，他也是迫不得已的」，而是要大家理解他們的行為根源是不安。

反之，不管自尊標準為何，低自尊的人都希望他人能用好的眼光看待自己。綜合各種研究結果來看，低自尊的人慎重並積極追求正向評價，不過他們會在保護自尊方面投入大量精力。因此，他們的特性之一是，當對方給自己負面反饋時，能妥善應對，即使自己遭受到的待遇略有不公，他們也會認可「會受到這種待遇也是正常的」。反之，高自尊的人如果得不到公平待遇，會忍不住攻擊對方。

所以，我們必須樹立正確的自我意象。自我概念 Self-concept 也會受到他人的視線影響。比方說，我說笑話，有人在適當時機笑的話，我會覺得自己很有幽默感，像這樣，每次我說笑話的時候，我就會增強「我是個幽默的人」的自我

意象。如此一來，我就會更想在別人面前說笑話。自我是我所了解的真實的我。

所以很多時候，我們會在一起度過的人，往往是用「我所認為的我」的眼光看待我的人。從管理他人對我的印象，我們能管理自己的自我意象。

自我呈現 Self-presentation 幫助我們獲得重要與必要的東西，並形成與維持想要的自我認同感。一個把外界評價看得很重的人，如果自己的處境突然變差，聲望下跌，他正面的自我意象就會受損；以成功為目標的人渴望獲得長久良好的社會評價，當他的良好形象被破壞或崩壞，他就很難維持過去的形象或不願維持，放棄受損的自我認同感，並試圖利用其他形象良好的人的自我認同感。偽造學歷或謊稱自己家裡有權有勢就是典型案例。

混亂時代的犯罪應對之策

　　首先，混亂時代的犯罪應對之策是「把門鎖好」，即透過環境設計預防犯罪 Crime prevention through environmental design，簡稱 CPTED，意指設計城市環境，預防犯罪的方法。這是考慮到犯罪頻率有可能隨著物理環境的不同而不同所制定的方法。舉例來說，在人跡罕見的公共場所安裝監視器 CCTV；重新設計容易被入侵的住宅；提高公園照明亮度等。所有的犯罪側寫師、犯罪學學家、犯罪心理家正集思廣益，持續進行研究更具體的方案。不僅韓國，全世界各國都正處於這種變化。

　　可是，對於現代社會中顯著的犯罪，重新設計民眾免於恐懼的安全環境固然重要，內心管束的重要性也不亞於環境設計。生活在現代社會的我們也需要消除內心犯罪環境，要努力克服不安與恐懼，經常驗證與核實不實訊息，恢復社會成員之間的互信。所以我認為為此努力的我們更應該堅守這個信念──努力者必然迎來成功。

　　在情緒暴力遽增的現代社會，除了個人的應對之外，還需要什麼樣的社會制度變革？首先，我們需明確定義情緒暴力。韓國《跟蹤騷擾處罰法》時隔二十年總算通過。我至今仍無法理解為何要花這麼久的時間，仔細觀察過去韓國社會對如何「跟蹤騷擾」就能找出答案，但不幸的是，過去未曾有過明確定義。

　　我們提起情緒暴力，通常理解成虐待兒童、透過煤氣燈操縱造成他人的痛苦、藉由校園暴力與孤立折磨人等。但重要的是，哪些屬於惡作劇？哪些屬於犯罪？在哪種範圍內是能被歸納為文化的惡作劇行為？超出哪種範圍就算犯罪？問題是這些事缺乏明確定義。因此，我們需要的社會制度變革是「明確定義犯罪」，以便民眾能明確與正確地區分並認知犯罪。

　　在新型犯罪日益增加的混亂時代，是否有辦法能對付犯罪，讓我們的孩子生活得更安全？事實上，犯罪在何時發生，誰都說不準，因此根據不同犯罪類型制定應對方法或訂出某種規範並不容易。當某個犯罪行為發生時，從受害者角度來看，第一拍會先想起「啊！我現在正在被攻擊」，錯過

了快速反擊的時機。大多數的犯罪都發生在短短一瞬間，加上受害者會非常驚慌與緊張，很難掌握當下情況。

美國有一個針對犯罪應對方法的專家教育體系，會依照構成犯罪情境進行模擬演練。其實，如果有聽過火災受害者描述火災發生當下的情況，就能充分理解那一刻有多緊迫又困惑。受害者明知該打 112 報警，手機也拿在手上卻不斷問：「112 的號碼是多少？ 112 要打多少？」光聽到這種描述就能充分猜到事故或案發現場有多令人緊張與壓迫。

因此，在家裡與家人一同進行一兩次的模擬演練也不失是個好方法，譬如假設家中失火，邊喊著「失火了！」邊指示兒子打 112 報警，女兒開窗求助，妻子拿滅火器過來。實際發生火災時，兩次模擬演練會發出令人驚訝的效果，真正發生火災時，身體會像模擬演練時一樣動起來，就像自動輔助駕駛一樣，身體會自動做出反應。這也是為何軍隊或執行特殊作戰訓練時，會反覆進行相同情境演練。在 0.1 秒都不能鬆懈戒心的危機現場，人類知覺掌握與判斷情況的速度比想像中得慢，喚醒身體記憶移動是能更快地應對危急情況的方法。

　　長期駕駛的駕駛人很多時候會感覺自己的動作來自身體，而非大腦。駕駛人看見前車不尋常的駕駛方式，腳會本能地踩煞車，進入防禦駕駛模式。如果在那短暫的一瞬間，駕駛人用大腦思考、判斷情況之後再踩煞車，很可能已經撞上了前車。這就是自動輔助駕駛。設定出幾種包括火災在內，孩子們容易遇到的犯罪行為，進行模擬演練，也是應對犯罪的方法之一。

心靈的約束，消除我體內的犯罪環境

煤氣燈操縱與誘騙的典型手法

　　過去曾有過六十多歲女性受害者被詐欺的事件，但那位受害者反而成為幫助犯，替詐欺犯詐騙並攻擊其他受害者，將之殺害或使其自殺，犯下了可怕罪行。那名受害者這麼做的原因為何？這種現象就像我們在日常中透過正面的自我提示，做出某些行為，希望給人留下好印象一樣。歸根結底，理解犯罪心理與理解我們自己的心理並無二致。讓我們具體了解一下煤氣燈操縱者用何種誘騙手法接近受害者。

　　第一階段是取悅他人，博取好感。典型手法有「釋出好感」、「創造共同點」、「富有魅力的裝扮」、「謙虛的態

度」等。釋出好感的代表性手法是：讚美。餐廳服務生在客人點餐後說「您作了明智的選擇」，就能收到更多小費。此外，也有研究結果表明，在上司不在場的場合讚美上司，會提高他人對自己的信賴度。煤氣燈操縱者正是巧妙利用這些心理。

　　創造共同點是另一個博取好感的手法。操縱者會根據對方的意見而調整自己的意見，並表現於外。舉例來說，在雙方政治傾向不同的情況下，操縱者會根據對方的政治傾向作出正向表現，或強調自己與對方擁有相同的興趣愛好，如飲食、音樂等。人們傾向喜歡與自己擁有類似傾向或性格特質的人。韓國人初次見面之所以會問對方是哪個學校畢業、老家是哪裡、興趣愛好是什麼等，是因為人們從過往經驗得知，如果能找出共同點就能在短時間內有效拉近雙方距離。

　　另一個博取好感的策略是富有魅力的裝扮。在釋出好感，創造出共同點之後，操縱者會開始費心打扮自己，散發出魅力。有魅力外貌的人能增進他人的好感，甚至會被認為更正直不阿。

　　另外，還有一個策略是展現謙虛的態度。一般來說，不

強調自己有多成功的人，會比滿口炫耀自身成就的人，更能贏得他人的好感。因此，人們大多時候會把功勞歸功於幫助自己成功的夥伴，偶爾也會暴露自己的弱點。不過過度的謙虛會被當成低自尊或不夠了解自己的人，反而適得其反，因此把握得當的謙虛是關鍵。

可是，有一點值得注意，我們必須要區分一般人有時候為了與某人拉近距離而討好某人，與操縱者心懷不軌的討好兩者之間的不同。操縱者的目的是博取受害者的歡心，讓受害者按操縱者的意思行事。這與一般的情況不同。普通人之間會遵守正道，不會輕易越線，不會加害於人，不會做出無恥的行徑，不會提出超出常識範圍之外的要求。這與操縱者的預謀策略與目的迥然不同。

第二階段是「自我宣傳」、「利用象徵物」、「找藉口」策略。自我宣傳就是大膽地用行動標榜自己是個有能力的人，例如：秀出自己詐騙而得的支票，或坐高級跑車出現。利用象徵物就是刻意展示適當的道具與習慣，讓對方意識到自己是個有能力的人，例如：在家裡放大型保險箱。找藉口是指聲稱有障礙，如此一來，失敗時就不會給人能力不

足的印象。操縱者會找各種藉口，例如：過了銀行營業時間、有人不守約導致不能及時匯款、休假的關係須多等幾天等等。

第三階段是讓人聯想到自己的權勢與地位的影響力策略。例如：約在稅務機構或銀行前見面；花從他人那裡騙來的錢買禮物或表現關心、炫耀人脈、暗示地位與權力等非言語表達。此外，操縱者還會利用其他受害者營造出自己受到獨特禮遇的模樣，比方說，外出時讓其他受害者當司機。

人們陷入邪教的心理

邪教使用的第一個技巧是「得寸進尺法」。這種技巧在前面介紹過了，他們要求受害者退學，與家人斷絕聯絡，開始過社團群居生活，參加與社會問題有關的研討會，參加週末座談會並表達意見。當受害者參加研討會或座談會時被成為正式會員，他們就會逐漸提高對受害者的要求。

觀察邪教信徒的心理，會發現他們經歷了社會影響 Social influence 三階段。社會影響意指在實際情況或想像中，某人因他人的壓力而發生的行為變化。社會影響能改變一個人的態度、信念與行為，包括三個方面，依序為從眾 conformity 、順從 compliance 與服從 obedience 。

第一、從眾：指自發性行為，人們會根據周圍人的行動或反應改變自己行為。好比說參加某個聚會時會根據聚會的氣氛決定穿著。即使在沒有顯著的社會壓力情況下也可能發生從眾心理，只要有人說一句「你這身裝扮不適合這個聚會」就足夠。

美國心理學家所羅門・阿希 Solomon Eliot Asch 進行過經典的從眾實驗，稱為阿希從眾實驗 Asch conformity experiments 。他讓受試者看了一張畫有一條線的卡片，再讓他們看了另外一張畫有三條不同長度線條的卡片。阿希設定了兩種情境，一是沒有群體壓力的情境，一是令五名研究人員混入被試者中，故意把短線說成長線，錯誤引導答案。前者有 95% 被試者獲得滿分，後者則是超過 75% 的被試者作出錯誤選擇，其答案與五名研究人員一樣。這些被試者表示五名研究人員充滿

自信的態度動搖了他們。換言之，他們誤以為是自己陷入了錯覺，屈從研究人員的答案。總結該項實驗，人們明知答案錯誤，但面對強烈的團體意見時，會屈從團體意見。因為多數人充滿自信的態度會讓人質疑自己的判斷。

　　為何會出現這種現象？後來某項研究支持了阿希的觀點。該研究中用電腦取代了研究人員，錯誤引導答案，卻出現了與阿希實驗不同的結果。很多被試者充滿自信地指出哪一條線是真正的長線，並回答「這條線更長」。當人們反對他人而非電腦的意見時，會因為自己與他人意見不一致而產生矛盾，從而感到痛苦，因此會導致明顯的趨同行為。不過，和電腦的意見相悖並不會產生矛盾，所以受試者誠實地回答了自己的答案。從該項研究中，我們能清楚得知社會壓力與群體壓力對個人的影響有多大。

　　心理學家羅伯特・席爾迪尼的著作《社會心理學》提及，心理學家史蒂文・哈森 Steven Hassan 說過「很多邪教信徒的用餐、工作、開會，甚至睡眠都是在一塊的，揚棄個人主義，信徒會被分配成小組行動或加入五到六人的小組」。這就是邪教斷絕外界資訊與與施加群體壓力的手法。即使有充

分證據支持答案錯誤，人們受到群體壓力時仍傾向讓自己的觀點與團體一致。

第二、順從：指人們會順從直接的要求，改變行為。這與自願性的從眾不同。人們會順從於具體對象或要求，諸如約喝一杯的朋友、聲稱商品即將售罄的家庭購物主持人、慈善團體的訊息、電梯中要求戴口罩的通知等。

第三、服從：指權威人士明確行使影響力，人們對其命令作出反應，改變自己行為，是一種特殊的順從形式，像是順從上司的加班命令、順從管制交通或酒駕的警察等。

美國社會心理學家史丹利·米爾格倫 Stanley Milgram 進行的知名實驗「米爾格倫實驗」Milgram experiment 15 。米蘭格倫帶領的研究團隊人員並沒有表明該實驗真正目的為測試「服從」，而是告訴被試者「這項實驗旨在測試體罰對學習行為之效用」，並將受試者分成兩組，一組扮演教師，另一組扮演學生。他給「老師」們從四十五伏特起跳的電擊控制器，謊稱這具控制器能電擊「學生」，每逢學生作答錯誤，老師

---

15 又稱為「權力服從實驗」，是非常知名的心理學實驗。

就施加電擊，最高伏特數為四百五十，伏特數會隨錯答次數提升，而給予處罰的老師們會聽見錄音機播放的假尖叫聲與敲打牆壁聲。

　　在實驗施行前，米爾格倫預測只有 0.1% 的人會將伏特提高到 450 伏特，但實際結果卻顯示，將伏特數提高到 450 的人有 65% 之多。老師們明知學生們可能會死，也聽見了他們的尖叫，但當具有權威的研究團隊人員表示「所有責任由我們承擔」時，被試者會絕對服從權威。這些實驗結果意味著權威會使人們合理化自身行為。同理，沉迷於邪教的人，會敬虔服從有權威的邪教首腦的指令，哪怕是自殺指令也會毫不猶豫地結束自己的生命。

　　那麼，人們是為了實現何種目標才服從的呢？其目標可以概括為三種：做出正確的選擇、確保社會認可，以及自我形象管理。自我形象管理就是維持一貫性。

　　芝加哥某一家餐廳的服務生接受事先訂位時，不會說「如果您改變用餐計畫，請聯絡我們」，而是採用問句，「如果您改變用餐計畫，請聯絡我們，好嗎？」結果顯示，訂位後無故未出現的客人明顯從 30% 降低到 10%。

　　個人有意圖介入是將某人的自我認同感，與某種地位或行為規範相連，增強其繼續朝該方向行動的機率。大多數的人偏好始終如一的行動、承諾與自我形象，強烈渴望自己是按著自我承諾好的方式生活。看似微不足道的介入也會讓人的行動產生重大的變化。正是因為人們渴望維持始終如一，因此當有人別有用心，提出很簡單的要求時，會無力拒絕。這是煤氣燈操縱者引導對方順從而使出的眾多策略中的關鍵。他們先提出無關緊要的要求，讓受害者順從自己，再提出真正所求，增強受害者的順從度。

　　邪教受害者會受到操縱的最大原因是對被排除在外的不安。起初受害者出自好奇心而從眾，殊不知從那一刻起就被隔絕於外界。切斷獲取外界訊息的管道，使信徒承受群體壓力，增強被孤立的不安感，是邪教操弄人心的典型手法。

　　舉例來說，某個東西擺明是黃色的，但受害者所屬的團體成員異口同聲說是藍色的，遭受群體壓力的受害者不想說服他人，也沒自信說服他人，是以贊同他人意見，「指黃為藍」。這是邪教慣用的集體壓力，也是從眾的一種。

　　每逢邪教犯罪案件發生，人們容易脫口指責受害者，

「怎麼會相信那種超乎常識範圍，荒謬絕倫的教條？是傻子嗎？」但一旦被他們的巧妙手法所迷惑，掉入陷阱，真的會發生很多常人無法理解的事。也許邪教受害者隔三差五就出現，正是因為這樣的指責與社會認知。

　　或許此時此刻，我們的家人、朋友、同事正在某處遭受這樣的傷害，或被困在僅憑一己之力無法擺脫的狀況。毫無防備的他們會承受越來越大的傷害，比起檢討受害者，我們更應該伸出理解與援助之手，這樣才能守護與防治我們的家人與社會免受這類的犯罪傷害。

｜附錄｜

・犯罪側寫師（profiler）

　　犯罪側寫師的韓國警方正式職稱為「犯罪行動分析官」，是透過分析犯罪現場出現的犯罪者行動（犯罪準備、執行、犯案工具、毀滅證據手法等），查明其犯罪動機與目的，並分析其性格與行為模式等。此外，犯罪側寫師也會藉由犯罪地理分析，側寫出犯罪者的逃跑路徑與藏身地點等。犯罪側寫師主要處理特殊案件，如證據不足，僅憑普通的調查方式難以破案的連環命案等。

・煤氣燈操縱（gaslighting）

　　操縱者會巧妙操縱受害者的心理或情境，讓受害者產生自我懷疑，其目的為加強自己對他人的支配力。煤氣燈操縱一詞源自於一九三八年的舞台劇《煤氣燈下》。

・誘騙（grooming）

　　指加害者騙取受害者的好感或與其建立深厚關係，從而進行心理支配。以兒童為對象的誘騙犯會假裝親切，商談煩惱，令兒童有了初步依賴後又加強依賴性，進一步進行性騷擾或性暴力。

· 網路霸凌（Cyberbullying）

指利用電子郵件、手機或社群網站等，在網上進行集體性、持續性與反覆性的排擠或折磨特定對象之行為，會使得受害者情緒受創，嚴重時可能會引發自殺等極端行為。

· 觸法少年

在韓國，觸法少年指觸犯刑罰法規的十歲以上，未滿十四歲的少年。由於他們無刑事責任能力，所以犯罪也不會受到懲處，而是根據少年法受保護處分。

· 啟發法（Heuristic）

為行為經濟學理論之一，指影響個人思考與判斷的因素。啟發法是把事情決定過程簡化的指引，目的不是導出完美的決定，而是利用已知資訊作出可能實現之決定。在變數繁雜的日常中，人們很難一一研究各項變數後再作出決定，因此經常會產生「憑這些資訊應該就能決定了」的想法。

· 確認偏誤（Confirmation bias）

指無視其他資訊，只關注符合自身價值觀、信念與判斷的資訊的思維模式。

・逆火效應（Backfire effect）

當得知與自己信念相反地證據時，不僅不改變原始信念，甚至更加強了原始信念的心理效應，常見於邪教或電信詐騙受害者。

・歸因理論（Attribution theory）

指觀察自己或他人言行，歸納該行為或言語，從而推測某人、某事或某物固有持續性、屬性或傾向的過程。個人的情緒與對落實未來的期待、動機等，隨著個人對該事件的歸因會有所不同。

・錯失恐懼症（Fear of missing out，簡稱FOMO）

對錯過熱門潮流或被疏遠的一種焦慮症狀，害怕自己落後他人或變成邊緣人的孤立恐懼。錯失恐懼症已超越了個人心理問題，正在擴散成因社會的孤立而感到焦慮的問題。越來越多人對無法形成社會人際關係網，還有害怕只有自己錯失好機會而患得患失。

・環境設計預防犯罪（Crime prevention through environmental design，簡稱CPTED）

是一種設計城市環境以防治犯罪的方法。考慮到犯罪頻率會隨著物理環境不同而不同，應運而生。透過適當的建築設計或城市規劃，提高特定地區的空間防禦特性，降低犯罪率，並且加強地區居民的安全感。例如：在人跡罕至的公共場所安裝監視器、重新設計容易被侵入的住宅、加強公園照明等。

高寶書版集團
gobooks.com.tw

新視野 New Window 265
解讀殺人犯：首席犯罪側寫師教你識破精神操縱、網路暴力、變態虐待等新時代犯罪
내가 살인자의 마음을 읽는 이유 : 모두가 안전한 세상을 위한 권일용의 범죄심리 수업

作　　者	權一容권일용	
譯　　者	黃莞婷	
責任編輯	吳珮旻	
封面設計	林政嘉	
內頁排版	賴姵均	
企　　劃	鍾惠鈞	
版　　權	張莎凌	

發 行 人	朱凱蕾
出　　版	英屬京群島商高寶國際有限公司台灣分公司 Global Group Holdings, Ltd.
地　　址	台北市內湖區洲子街 88 號 3 樓
網　　址	gobooks.com.tw
電　　話	(02) 27992788
電　　郵	readers@gobooks.com.tw（讀者服務部）
傳　　真	出版部 (02) 27990909　行銷部 (02) 27993088
郵政劃撥	19394552
戶　　名	英屬京群島商高寶國際有限公司台灣分公司
發　　行	英屬京群島商高寶國際有限公司台灣分公司
初版日期	2023 年 05 月

내가 살인자의 마음을 읽는 이유 – 모두가 안전한 세상을 위한 권일용의 범죄심리 수업
Copyright © Kwon Il-Yong, 2022
All Rights Reserved.
This complex Chinese characters edition was published by Global Group Holdings, Ltd. in 2023
by arrangement with Book21 Publishing Group through Imprima Korea Agency & LEE's Literary
Agency.
All Rights Reserved.

國家圖書館出版品預行編目（CIP）資料

解讀殺人犯：首席犯罪側寫師教你識破精神操縱、網路暴
力、變態虐待等新時代犯罪 / 權一容著；黃莞婷譯 . -- 初版 .
-- 臺北市：英屬京群島商高寶國際有限公司臺灣分公司，
2023.05
　　面；　公分 . --（新視野 265）

譯自：내가 살인자의 마음을 읽는 이유 : 모두가 안전한 세상
을 위한 권일용의 범죄심리 수업

ISBN 978-986-506-706-9（平裝）

1.CST: 犯罪心理學究

548.52　　　　　　　　　　　　　　112004606